Walter Sack

Ravensburger® Hobbykurse

Model- und Reliefschnitzen

Negativ- und Positivschnitzen

Otto Maier Verlag
Ravensburg

CIP-Kurztitelaufnahme der Deutschen Bibliothek

Sack, Walter:
Model- und Reliefschnitzen:
Negativ- und Positivschnitzen/
Walter Sack. – Ravensburg: Maier, 1983.
(Ravensburger Hobbykurse)
ISBN 3-473-45658-6

1883–1983

Dieses Buch erscheint im 100. Jahr des Otto Maier Verlags Ravensburg

Fotos und Zeichnungen: Walter Sack
Umschlagfotos: Walter Sack
Satz: Bauer & Bökeler, Denkendorf
Gesamtherstellung: Himmer, Augsburg
Printed in Germany

4 3 2 1 86 85 84 83

ISBN 3-473-45658-6

Inhalt

5 **Einleitung**
5 Der Model als beliebte Volkskunst
8 Welche Holzarten sind für das Modelschnitzen zu empfehlen?
9 Negativ und Positiv
10 Originalität und Eigenständigkeit im Gestalten

11 **Die Schnittzeichnung als Schlüssel zum Verständnis dieses Schnitzkurses**

13 **Die Schnitzwerkzeuge für diesen Kurs**
13 Bildhauereisen und Schnitzmesser
15 Handhabung der Werkzeuge
16 Schärfe und Schleifausrüstung
17 Einführung in das Modelschnitzen

21 **Einführung in bildhafte Modeldarstellungen**
21 Erstlingsvorlagen und ihre Profile
28 Modelübungen mit Werkzeugangabe
32 Der Model „Die Selbstbewußte"
35 Pflanzenmotive und Testmodel
38 Kerbschnittmodel

43 **Plastilin als Hilfsmittel**

45 **Methoden und Techniken in der Darstellung und im Einschneiden von Negativbildwerken**
46 Lose und zusammenhängende Bildsegmente
47 Vorherige Eintiefung einer Motivfläche
49 Verschiedene Motivflächen und deren Eintiefung

51 Die hochgewölbte Backwerkoberfläche
52 Darstellung von Überschneidungen (Überkreuzungen)
54 Wenn Bildsegmente in andere hineinragen
56 Die Reihenfolge im Einschneiden von Bildsegmenten
58 Die verschiedenen Eintiefungsebenen
60 Zeichnerische Arbeitsunterlagen
65 Verschiedenartige Eintiefungs- und Verzierungsmöglichkeiten
67 Einschnitt-Tiefen und plastische Wirkung

69 **Eine einfache Methode, Blumengebinde zu gestalten**
70 Blütenelemente und ihre Fertigung
74 Anwendung der Blütenelemente

77 **Schnitzen von erhabenen Bildwerken und deren Negative**
77 Das einstufige, geradflächige Relief
78 Das mehrstufige Relief
78 Umwandlung in rundplastische Reliefs
82 Fantasieanregende Reliefübungen
83 Tiervorlagen für erhabene Schnitzereien und deren Abdrücke
86 Das Schnitzen von Tiermotiven
87 Positivschnitzereien und deren Abdrücke
91 Steigerung des Schwierigkeitsgrades
94 Das eingetiefte, dreistufige Landschaftsrelief, sein Abdruck und der Model (Rotbuchenholz)

Einleitung

Der Model als beliebte Volkskunst

Dieses Buch behandelt den Springerlesmodel und spricht gleichzeitig den Lebzelt-, Butter-, Marzipan- und Wachsmodel an. Unter einem Model versteht man eine in Holz geschnitzte Hohlform, welche ein Bildwerk zumeist volkstümlicher Art zeigt. Der Backwerkabdruck von dieser Hohlformschnitzerei ergibt das Springerle, das in urgroßmütterlichen Zeiten unter dem vielfältigen Weihnachtsgebäck nicht fehlen durfte. Weniger das Gebäck selbst – die Bildchen waren es, die das Entzücken des Betrachters hervorriefen. Kein Wunder, daß die Model als Backformen von den Besitzern hoch in Ehren gehalten wurden, insbesondere dann, wenn sie bereits ein Vermächtnis der Ahnen waren.

Dieses schöne, das Gemüt ansprechende Brauchtum zu

Bild 1
Lokomotive (Ahorn)
Maße des Modelbrettchens (**MB**):
Breite = 16 cm;
Höhe = 8 cm;
Stärke = 1,5 cm.
Maße des Modelmotivs (**MM**):
Breite = 13,3 cm;
Höhe = 5 cm.
Tiefste Stelle im Model (Richtwert **T**):
T = 7 mm.

fördern, mit der fachlichen Anleitung zum Erlernen des Modelschnitzens, war für mich der Grund, dies Büchlein zu schreiben. Spüren doch viele Menschen unserer hochtechnisierten Zeit, daß in der Betrachtung der Welt, die uns unmittelbar umgibt, so viel Reizvolles und wieder neu zu Entdeckendes liegt.

Betrachten wir nur eine Blume, welche Wunder offenbaren sich uns hier! Und richten wir unseren Blick auf einen Wegesrain, auf Gebüsch und Sträucher, auf den Lebensraum der Kleintiere. Wie sehr kann ein bewußtes Aufnehmen eines derartigen Idylls erwärmen. Man beobachte die Eidechse, die sich sonnt, die Schmetterlinge, Raupen und Käfer und betrachte den schattenspendenden, den früchtetragenden Baum. Man sehe die spielenden Hunde, die Katze, wie sie selbstbewußt, einer Statue gleich, auf einer Gartenmauer sitzt. Man betrachte die dahinziehenden Wolken und den nächtlichen Sternenhimmel. So viele Bilder leben plötzlich wieder auf und sind es wert, festgehalten zu werden.

Diese so greifbar nahe und stets gegenwärtige Welt war die Welt der bunten Bilderbogen unserer Altvorderen, als es noch keine Illustrierten im heutigen Sinne gab. Und sie zeigten diese Welt mit der täglichen Arbeit, mit Freud und Leid, real und in Sinnbildern.

Solche Bilderreigen aus dem täglichen Leben zierten auch das Springerlesgebäck. Dieses trug je nach Lebensraum den Stempel bäuerlicher oder städtischer Kultur. Damit soll angedeutet werden, daß der Modelschnitzer der Gegenwart nicht nur die Motive der Tradition zum

Bild 2
Spielende Hunde (Linde)
MB = 14 × 8,5 × 1,5 cm;
MM = 11,4 × 5,7 cm;
T = 3,5 mm.

Bild 3
Stille Nacht (Linde)
MB = 15,5 × 10 × 1,5 cm;
MM = 12 × 7,7 cm;
T = 4,5 mm.

Inhalt seiner Liebhaberei machen soll. Er hat die Freiheit, seine jetzige Welt, so wie es einst die Ahnen taten, in das Holz einzuschneiden, sei es in humorvoller oder in ernster Weise.

Man denke auch an Sinnbilder, Symbole und Embleme, z.B. an die Zeichen der Berufsstände. Man vergesse nicht die beliebten Sternzeichen, „unter welchen man geboren ist". (Einem „Widder" kann man sicherlich eine große Freude bereiten, wenn man ihm einen Model schenkt, in den dieses ungestüme Tier eingekerbt ist.)

Der Model bietet sich auch als liebenswertes und originelles Sammelobjekt an. Model sollte man nicht in Schubladen verstecken, sondern als Schmuckstücke jedes Wohn- und Küchenraumes herausstellen. Da es sich beim Modelschnitzen um Gebrauchskunst und um Kleinkunstwerke volkstümlicher Art handelt, bei welchen bereits das einfachste und naivste Motiv in der Hohlform und auf dem Backwerkabdruck eine reizvolle Wirkung erzielen kann, ist es weiten Kreisen zugänglich. Modelschnitzen erfordert bei reichhaltigen Motiven bestenfalls etwas Geduld, verlangt aber niemals große Kraftanstrengung. Hinzu kommt, daß als Werkmaterial kleine und dünne Brettchen vollauf genügen.

Welche Holzarten sind für das Modelschnitzen zu empfehlen?

Es ist ratsam, sich anfangs am weichen Lindenholz zu üben. Das gilt vor allem für diejenigen, die noch nie geschnitzt haben. Weiches Holz hat den Vorteil, daß man handwerklich nicht so schnell ermüdet. Man muß jedoch darauf achten, daß man gute Holzware benutzt. Sprödes Holz, das aufreißt, ist für die Feinarbeit des Modelschnitzens nicht geeignet. Hat man einige Übung im Umgang mit den Schnitzeisen erworben, greife man allerdings sofort zu den Harthölzern, die für das Springerlesbacken gebrauchsfester sind und die zudem verschiedene Naturfarben bieten (man denke an den Modelwandschmuck).

Sprödes Holz ist nicht geeignet.

Als heller Werkstoff, ähnlich der Linde, empfiehlt sich Ahornholz. In verschiedenen zarten Farbtönen bis zum dunklen Kernholz des Nußbaumes eignen sich Buche und sämtliche Obstbaumhölzer. Man lege Brettchen mit einer Stärke von ca. 1,5 cm auf Lager, die Werkseite sauber abgerichtet oder geschliffen. Aufdringliche Maserungen und zu grobporiges Holz sollte man nicht verwenden, denn sie lassen die Details der kleinen Bildwerke nicht zur Geltung kommen.

Was ist ein Negativ und was ist ein Positiv?

Wie eingangs erwähnt, ist der Springerlesmodel ein in den Werkstoff Holz eingetieftes Bildwerk. Es erscheint in dieser Versenkung nicht als das natürlich gesehene Bild, sondern als eine Umkehrung dessen. Diese Art des Einschneidens eines Bildwerkes wird auch als Negativ angesprochen.

Der Backwerkabdruck dagegen, der das erhabene Bild als Endprodukt zeigt, ist das Positiv. Der Abdruck kann als Flach-, Halb- oder Hochrelief erscheinen. Das hängt jeweils davon ab, wie tief der Model gestaltet wurde. Ein Hohlformbildwerk kann aber genausogut eine halbplastische Darstellung mit und ohne Umfeld sein, sollte diese Art der Wiedergabe eines Motivs angestrebt werden. Es sei noch darauf hingewiesen, daß sich auch Kerbschnitzereien als Model eignen. Sie hinterlassen als Positiv einen eigenwilligen, streng grafischen Eindruck.

Für das Gestalten von Modeln merke man sich die einfache Regel: Alles vertieft Eingeschnittene erscheint beim Abdruck erhaben, und alles im Model erhaben Geschnitzte ist im Abdruck vertieft.

Negativ und Positiv

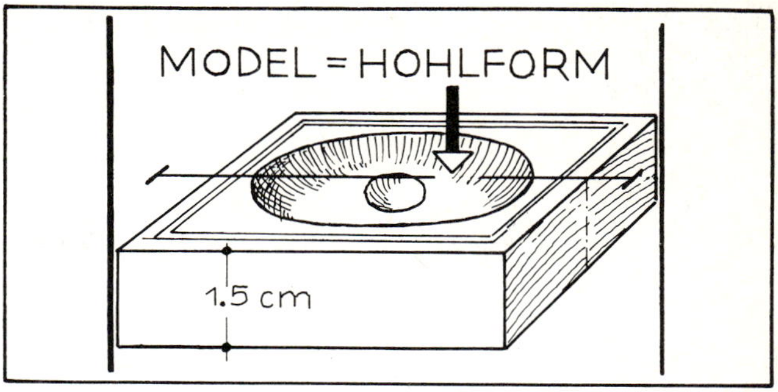

Bild 4
Modelbrettchen

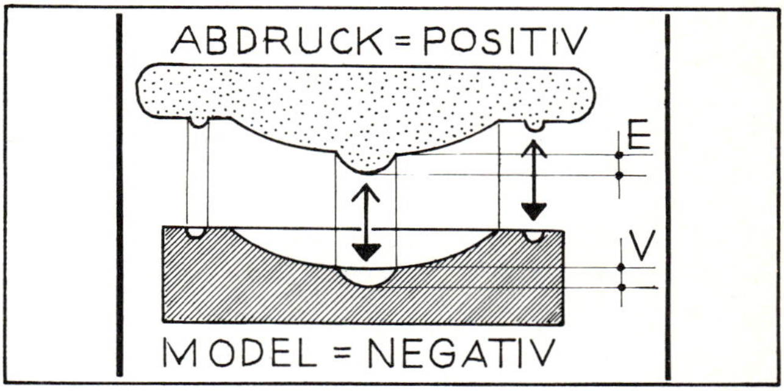

Bild 5
Vertiefungen (**V**) im Modelholz ergeben erhabene Darstellungen (**E**) im Backwerkabdruck (siehe Pfeile).

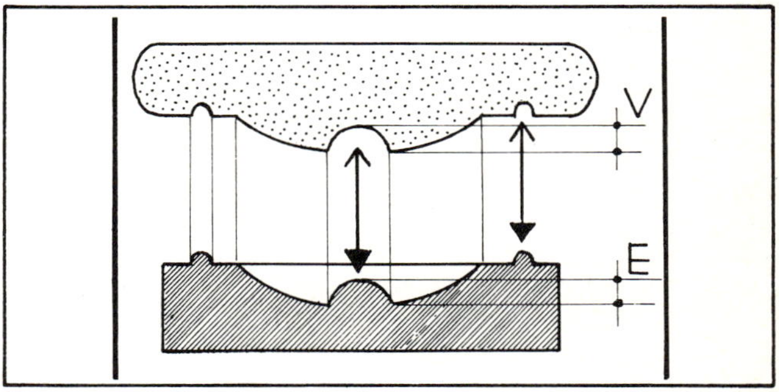

Bild 6
In der Hohlform erhaben Geschnitztes (**E**) ergibt vertiefte Darstellungen (**V**) im Abdruck.

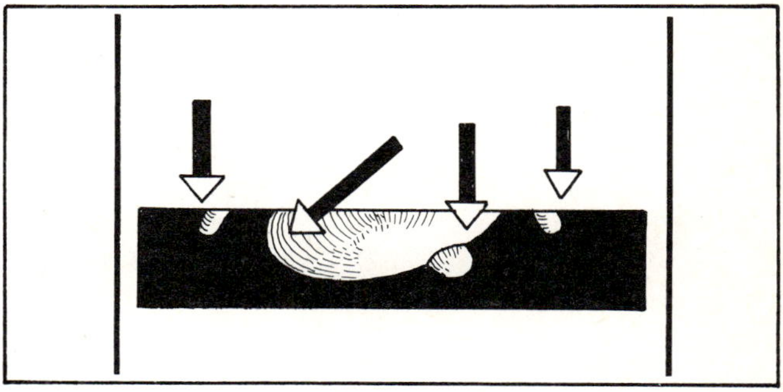

Bild 7
Ein Springerlesmodel darf keine unterschafften (unterhöhlten) Stellen haben (siehe Pfeile).

Originalität und Eigenständigkeit im Gestalten

Die in diesem Buch gezeigten Übungsobjekte sollen nicht nur Beispiel, sondern auch Anregung sein. Wer sich tüchtig in die Materie hineingearbeitet hat und dadurch sicher geworden ist, versuche selbständig zu entwerfen. Je unabhängiger man von Vorlagen wird, um so eigenständiger und origineller werden die Darstellungen. Es sei auch abgeraten, mit den Augen krampfhaft Objekte aus der Umwelt „fotografieren" zu wollen, um diese naturgetreu wiederzugeben. Besser ist, alle Eindrücke in seiner Vorstellungskraft zu geistigen Bildern reifen zu lassen und dann frei zu skizzieren. Unbekümmerte Kinder sind ein gutes Beispiel dafür, sie zeichnen oder malen Erschautes unverhohlen, nur der eigenen Norm folgend.

Aufgrund dieser naiven Sehweise (im besten Sinne des Wortes) entstanden viele ansprechende, geglückte Modelbilder der Volkskunst. Unbewußt abstrahierten die Modelschnitzer das Erschaute und legten dort Schwerpunkte in die Bildwerke, wo sie es persönlich für richtig hielten. Das ist Eigenständigkeit. Auch die bestimmte Art und Weise in der Arbeitstechnik, wie sie das Bild über ihre Hände in die Formensprache eines Werkes übersetzten, entsprach ihrer individuellen Fähigkeit.

Es liegt im Ermessen jedes Modelschnitzers, die Welt des Sichtbaren in seine eigene Welt umzugestalten oder gar „auf den Kopf zu stellen". Gerade das Eigenschöpferische in der Erprobung der Selbständigkeit, im Erfinden von Motiven macht den wahren Modelschnitzer aus. Hier „erfährt man sich", wächst über Vorgegebenes hinaus, regt sich durch die fortschreitende Arbeit immer wieder selbst an und gibt sich und anderen neue Impulse.

Ich möchte jeden Hobbyschnitzer nach diesem Kursus in eine fortgeschrittene und freie Gestaltungstätigkeit entlassen und wünsche Ihnen dazu
viel Freude und Erfolg –

Walter Sack

Die verschiedenen Eintiefungsmaße der Model ergeben sich aus Art und Größe der Motive und deren Details. Das für die Lehr- und Studienarbeiten dieses Kurses angegebene Maß **T** *ist der jeweils tiefste Punkt im Model. Auf diesen Richtwert zu wölbt sich das Hohlformbildwerk kontinuierlich ein. Das Maß* **T** *soll für den Anfänger Anhaltspunkt und Wegweiser sein, auf dessen genaueste Einhaltung es zwar nicht ankommt; man sollte sich jedoch schon zu Anfang ein sauberes Schnitzen angewöhnen.*

Die Schnittzeichnung als Schlüssel zum Verständnis dieses Schnitzkurses

Der „Schnitt" ist die Stelle, an welcher man gedanklich einen Gegenstand durchschneidet, um einen überschaubaren Einblick in dessen Innenleben zu erhalten.

In welcher Art von Einwölbung der Model eingekerbt wird, zeigen in diesem Kursus anschaulich die technisch gezeichneten Schnitte. Man beachte genau die Schnittlinien (**a–b** oder **c–d** usw.) in den Zeichnungen. Sie zeigen jeweils die Schnittstellen an, die für das Verständnis des Models wichtig sind.
Am Beispiel des einfachen Motives „Fisch" (siehe **Bild 8**) soll jedem werdenden Modelschnitzer Grundsätzliches verständlich gemacht werden. Die Mittellinie durch dieses Tier, Schnitt **a–b**, zeigt die Form der tiefsten Einwölbungen (**T**) in das Modelholz an. Man sieht auch, daß das Auge erhaben in die Hohlform geschnitzt ist, und man erkennt, daß der Kopf an Punkt **1** durch einen scharfen Schrägeinschnitt abgegrenzt ist.
Weiterhin ist zu sehen, daß der Schwanz auf die gleiche Weise endet (Pfeile Punkt **2**). Der Schnitt **c–d** zeigt die Einwölbungsart von Flosse zu Flosse. Ihr äußerer Abschluß (Pfeile Punkt **3**) entspricht den Punkten an Pfeil **1** und **2**. Aufgrund dieser Einblicke in das Innenleben des Models wird es nicht schwerfallen, diesen Fisch als Negativbildwerk zu schnitzen.
Um das Erläuterte noch einmal zusammenzufassen: Der Begriff „Schnitt" ist eine Stelle, an welcher man gedanklich einen Gegenstand durchschneidet, um einen überschaubaren Einblick in dessen Innenleben zu erhalten.
Es ist kein Fehler, wenn jeder angehende Modelschnitzer gleich zu Anfang versucht, nebenher eigene einfache Model zeichnerisch zu entwerfen, und dazu Schnittskizzen anfertigt.

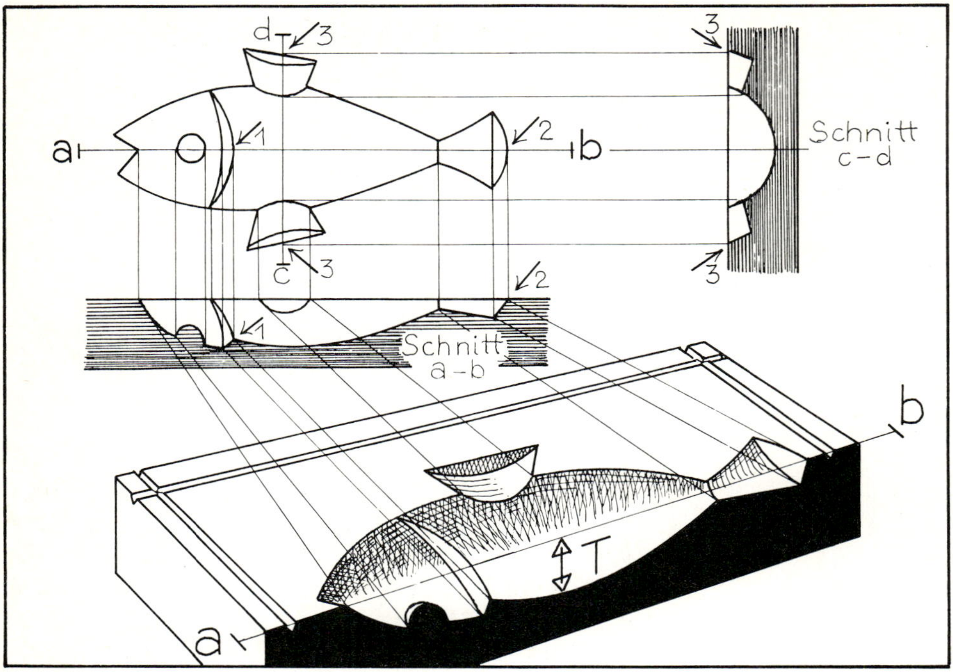

Bild 8

Die obenstehende technische und räumliche Zeichnung veranschaulicht, wie die Schnittzeichnungen dieses Kurses zur Fertigung der Model zu lesen und zu verstehen sind. Die dünnen Hilfslinien verbinden jeweils die gleichen Stellen. Die untenstehende Abbildung zeigt den fertigen Fischmodel.

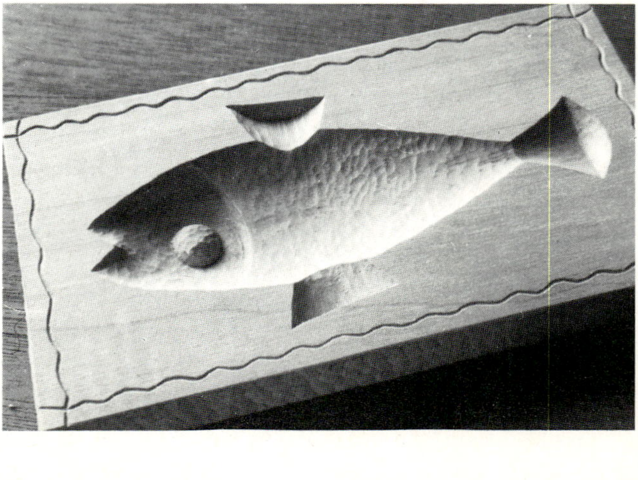

Bild 9
Fisch (Ahorn)
MB = 13,3 × 7,4 × 1,5 cm;
MM = 10,8 × 5,7 cm;
T = 8 mm.
Man sollte den Fisch vorerst (übungshalber) aus weichem Lindenholz schnitzen.

Die Schnitzwerkzeuge für diesen Kurs

Bildhauereisen und Schnitzmesser

Für die Anfertigung der Model schafft man sich Bildhauereisen an, dazu einen Klüpfel (Holzhammer). Er wird hin und wieder gute Dienste leisten, wenn man einen entsprechenden Model aus sehr hartem Holz schnitzt. In diesem Fall legt man das Modelbrettchen gegen einen Anschlag oder spannt es in eine Vorrichtung (Hobelbank, Schraubstock usw.). Model der hier besprochenen, wegweisenden Art sind Kleinschnitzereien. Entsprechend gering ist die Tiefe (**T**) dieser Negativbildchen. Aus diesem Grund kann auf die Anschaffung von gebogenen oder gekröpften Eisen verzichtet werden. Alle empfohlenen Werkzeuge besitzen also gerade Klingen.

Bei der Bezeichnung der Klingen gibt die Ziffer hinter dem Wort „Stich" die Stichform an, während hinter dem Schrägstrich die mm-Breite der Klinge zu lesen ist.

Das Erstlingswerkzeug: Schnitzmesser mit langer Klinge
Flacheisen; Stich 4/2 mm breit
Flacheisen; Stich 4/14 mm breit
Hohleisen; Stich 5/5 mm breit
Hohleisen; Stich 7/10 mm breit
Hohleisen; Stich 11/1 mm breit (Bohrer)
Hohleisen; Stich 11/4 mm breit (Bohrer)
Hohleisen; Stich 11/7 mm breit (Bohrer)

Zusatzwerkzeuge für den Fortgeschrittenen:
Hohleisen; Stich 6/22 mm breit
Hohleisen; Stich 9/6 mm breit (Bohrer)
Hohleisen; Stich 10/10 mm breit (Bohrer)
Hohleisen; Stich 11/2 mm breit (Bohrer)
Hohleisen; Stich 11/3 mm breit (Bohrer)
Gaißfuß; Stich 39/3 mm breit
Gaißfuß; Stich 45/7 mm breit
Balleisen; Stich 1/10 mm breit

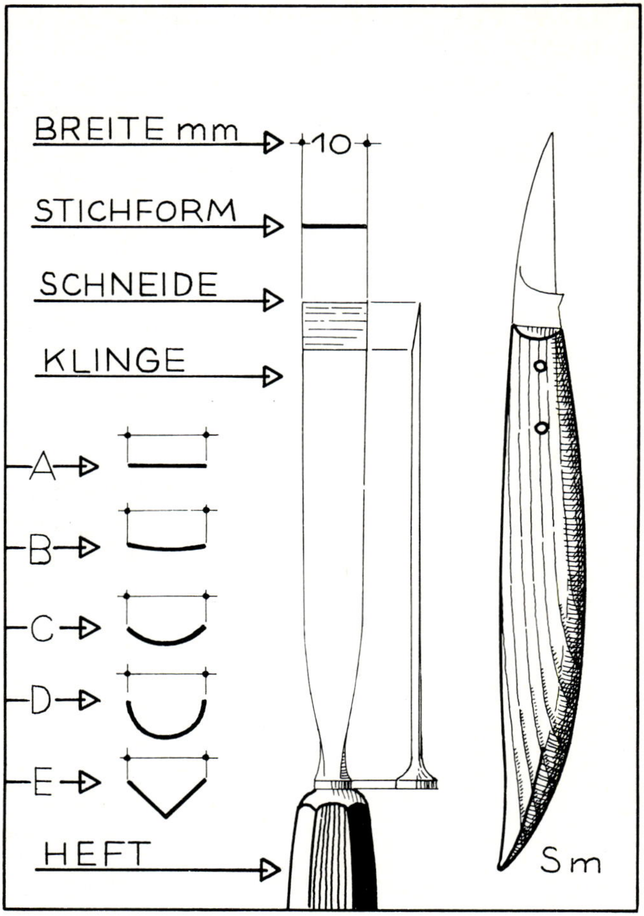

Bild 10

Die genannten Werkzeuge sind auch zum Schnitzen der Positivbildwerke geeignet. Pfeil **A** der Zeichnung zeigt auf die Stichform des Balleisens. Pfeil **B** weist auf ein Flacheisen und Pfeil **C** auf ein Hohleisen (ab Stich 5). Bei der stark gewölbten Form (Pfeil **D**) wird es zum Bohrer (ab Stich 9). Pfeil **E** deutet auf einen Gaißfuß hin.

Wer zuerst einmal sein Talent und seine Ausdauer im Schnitzen von Modeln und erhabenen Bildwerken auf die Probe stellen will, kann sich mit dem Schnitzmesser (**Sm**), dem Flacheisen; Stich 4/14 mm, dem Hohleisen; Stich 5/5 (mm), dem Hohleisen; Stich 11/4 und Stich 11/7 (Breite) begnügen.

Handhabung der Werkzeuge

Die hier besprochenen Schnitzereien sind Kleindarstellungen. Die Bildwerke bedürfen darum zu ihrer Fertigung keinerlei energischer Hammerschläge mit dem Klüpfel. Es genügt der mehr oder weniger kräftige Druck mit der schnitzenden Hand. Um mit den Schnitzeisen baldmöglichst zurechtzukommen, ist es gut, ihre Stichformen spielerisch an einem Holzbrettchen zu erproben.
Eine kraftvolle Führung wird mit der Faust erreicht, wobei das Werkzeug so umfaßt wird, daß die Schneide so kurz wie möglich aus dieser hervorragt. Bei normal großen Eisen umgreift dabei die Faust die Klinge, nicht das Heft. Wird weniger Kraft verlangt, hält man die Klinge ähnlich wie einen Bleistift. Jetzt treten der Daumen, der Zeigefinger und der Mittelfinger in Aktion.

Bild 11
Mit Krafthand schnitzen. Die Arbeitshände stützen sich stets sichernd ab.

Bild 12
Hier treten Daumen, Zeigefinger und Mittelfinger in Aktion.

Schärfe und Schleifausrüstung

Bild 13
Abziehsteine (belgische Brocken) und Hohlmeißelsteine zum Innenabziehen von Hohleisen und Gaißfüßen.

In jeder Anleitung, die das Holzschnitzen betrifft, muß für schärfstes Werkzeug plädiert werden. Was nutzen die beste Holzware und auch das handwerkliche Können, wenn die Werkzeuge den Anforderungen nicht entsprechen.

Als versierter Kursleiter für Holzschnitzen macht man immer wieder die Erfahrung, daß selbst Facharbeiter aus allen Bereichen des Handwerks und der Industrie sich bei ihrem Hobby Schnitzen mit mangelhaft geschärften Schnitzeisen begnügen – und abplagen. Wie soll man mit solchen Werkzeugen feine Formvorgänge beim Model- und Reliefschnitzen meistern? Sie erzeugen nur Unlust, und nicht selten wird darum das Schnitzen bald wieder aufgegeben. Jeder dagegen, der wirklich einmal ein scharfes Werkzeug in der Hand hatte, weiß um die Freude, mit diesen umzugehen. Es macht Spaß, wenn sich Span um Span leicht ablöst und die Schnittflächen spiegelglatt an der Schnitzerei in Erscheinung treten.
Die Fase eines Bildhauereisens muß lang angeschliffen sein, und es darf nicht der geringste Grat eines Abschliffes an der Schneide hängen bleiben. Man zieht nach Verwendung der Abziehsteine die Schneide auch an einem Lederriemen ab. Wer ein Elektrogerät mit einer Gummischeibe besitzt, benutzt diese für den letzten Schliff. Solange der Schnitt am Holz immer noch Riefen zeigt oder einen rauhen und matten Eindruck macht, ist ein Schnitzeisen stumpf.
Der engagierte Hobbytreibende schafft sich am besten seine Schleifausrüstung selbst an: eine Handschleifmaschine zum Vorschleifen, einen belgischen Brocken und einen Hohlmeißelstein zum Nachschliff (Abziehen). Letzterer ist für die Schneideninnenseiten der Bohrer wichtig.

Einführung in das Modelschnitzen

Die folgenden Übungen vermitteln schnitztechnische Situationen beim Modelschnitzen.
Beachte zu jeder Übung die Schnittzeichnungen! Anfänger, deren Hände und Handgelenke mit den Anforderungen des Holzschnitzens noch nicht vertraut sind, verwenden für diese Übungen Lindenholzbrettchen. Die Pfeilbündelzeichen der Abbildungen geben den Faserverlauf an. Sollten die Schnitzeisen nicht scharf genug sein, dann reißen beim Schnitzen quer zur Faser (Pfeil **Q**; **Bild 14**) die Einschnittränder auf. Dasselbe gilt auch für die angebotenen Übungen auf den **Bildern 16** und **17**. An den **Bildern 18** und **19** kann man insbesondere die Schärfe des Gaißfußes überprüfen. Die Maße der Werkhölzchen sind 6 × 6 × 1,5 cm.

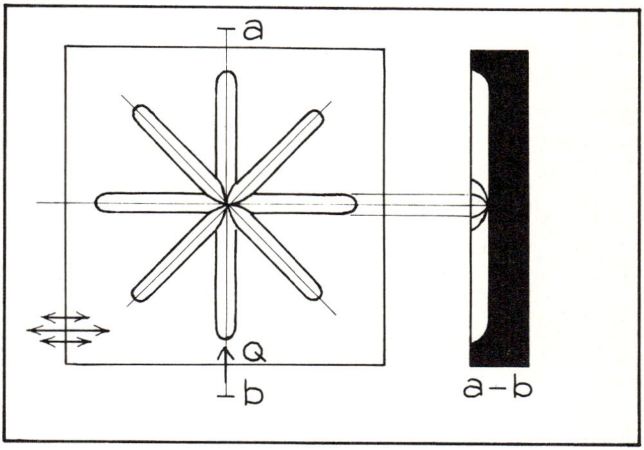

Bild 14
Diese Übung wird mit dem Hohleisen; Stich 11/4 bewerkstelligt. Man versucht, diesen Stern möglichst tief in das Holz einzuschneiden, und zwar in mehreren Arbeitsgängen.

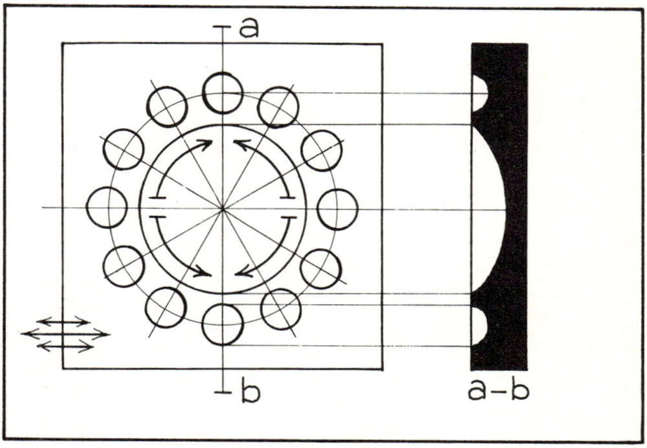

Bild 15
Für die mittlere, schüsselförmige Eintiefung dieser Übung benutzt man das Hohleisen; Stich 6/22 und 7/10. Damit der Rand dieser Einwölbung scharf wird, schnitzt man ihn jeweils in Richtung der Pfeile. Auf diese Weise wird auf die Faserrichtung des Holzes Rücksicht genommen. Die Eintiefungen rings um die Mulde schnitzt man mit dem Hohleisen; Stich 11/7 mm.

Bild 16
Die Übung wird mit dem Hohleisen; Stich 11/7 eingekerbt. Man beginnt in Richtung Pfeil und gräbt das Übungsornament immer breiter und dabei tiefer werdend ein.

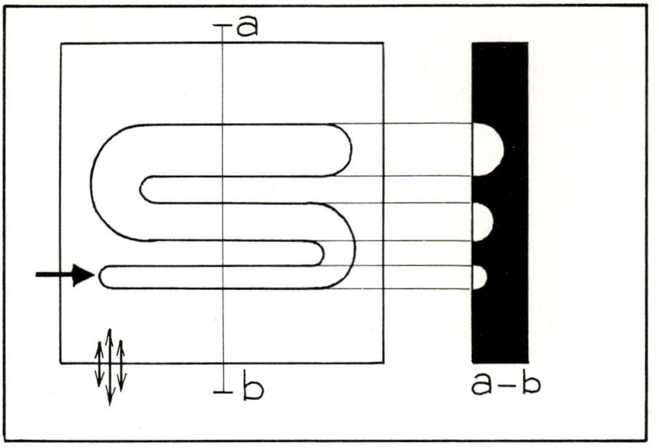

Bild 17
Das Kreuz hat einen Mittelpunkt in Kerbschnittmanier. Man schafft diesen mit dem Schnitzmesser. Anschließend tätigt man mit dem Flacheisen; Stich 4/14 die markierenden Einstiche, welche die Kreuzbalken vor dem Mittelpunkt begrenzen (siehe die dick gezeichneten Linien und den Pfeil auf dem Schnitt). Abschließend wird das Hohleisen; Stich 11/7 gegen diese Markierung geführt.

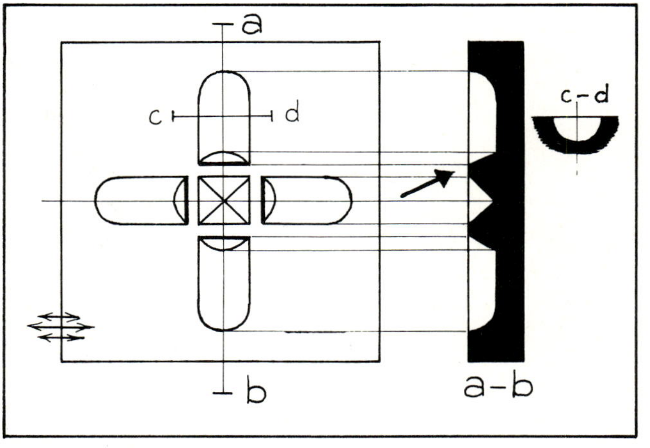

Bild 18
Die Einkerbungen bereitet man mit dem Hohleisen; Stich 11/7 vor und vollendet sie mit dem Flacheisen; Stich 4/14. Die Kerbenprofile sollen möglichst nicht spitzer als ein rechter Winkel sein, ansonsten macht ihre Versäuberung Schwierigkeiten.
Hinweis: Zu tief eingeschnittene Kerben sind eine Schwäche fast aller Anfänger.

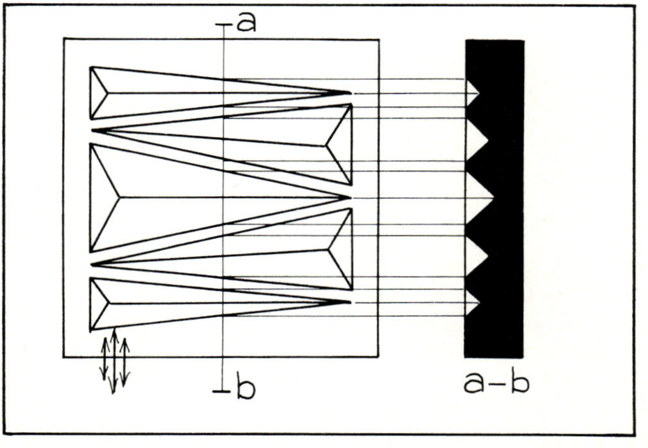

Bild 19
Die geschweiften Einkerbungen schnitzt der Anfänger ebenfalls zuerst mit dem Flacheisen; Stich 4/14. Sie sind weich geschwungen eingetieft (siehe Schnitt **c–d**). Dieses Übungsornament ist Kerbschnitzerei wie das Vorausgegangene und kann später mit dem Gaißfuß erprobt werden. Alle Kerbschnitzereien dieser Art können mit dem Bohrer vorgeschnitten werden.

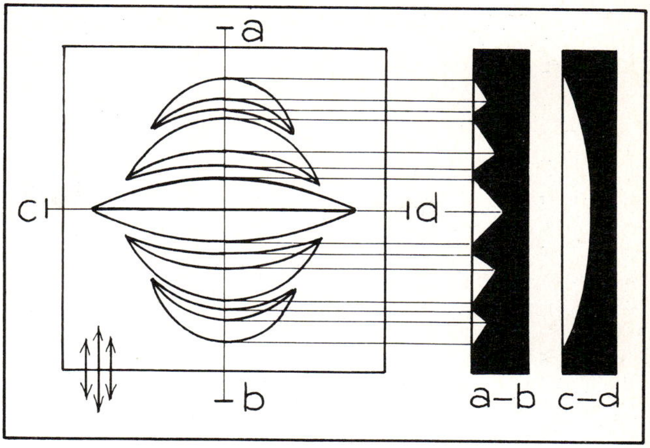

Bild 20
Als Übung sticht man zuerst in eingeschrägten Umrissen mit dem Flacheisen; Stich 4/14 ein (siehe Pfeil, Schnitt **c–d**). Dann schnitzt man ab Mittellinie der Darstellung abwärts auf diese Umrisse zu (siehe Pfeile der Draufsicht).

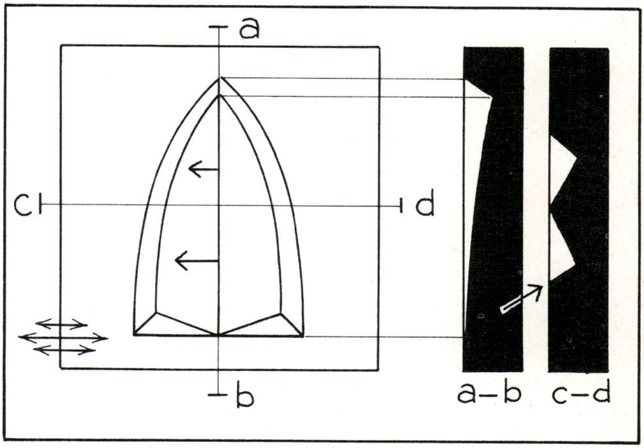

Bild 21
Hier wird ebenfalls mit dem Flacheisen; Stich 4/14 in das Werkholz eingeschnitten. Man beachte auch hier zur Orientierung genau den Schnitt **a–b**.

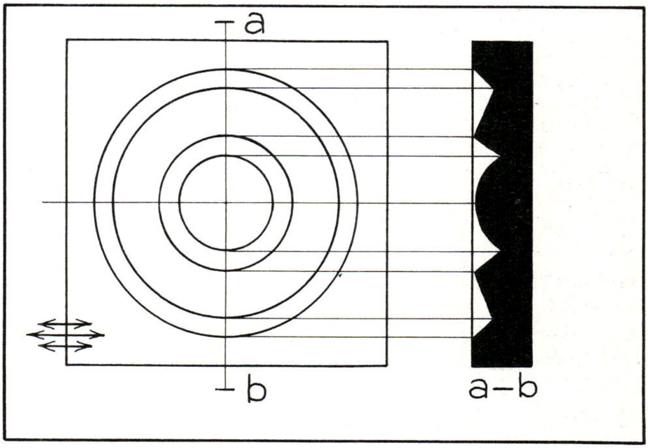

Bild 22 links und rechts
(Lindenholz)
MB = 14,5 × 8,5 × 1,5 cm;
MM14 = 4,7 × 4,7 cm;
T14 = 1,5 mm;
MM15 = 4,9 × 4,9 cm;
T15 = 5,7 mm.

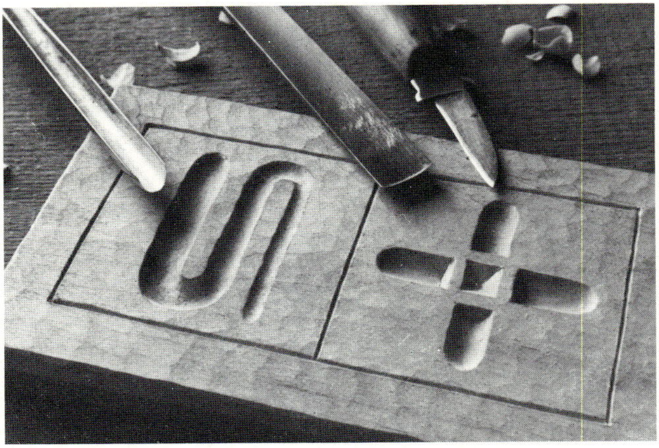

Bild 23 links und rechts
(Lindenholz)
MB = 14,5 × 8,5 × 1,5 cm;
MM16 = 3 × 4,7 cm;
T16 = 3,3 mm;
MM17 = 4,7 × 4,7 cm;
T17 = 3,3 mm.

Bild 24 links und rechts
(Lindenholz)
MB = 14,5 × 8,5 × 1,5 cm;
MM18 = 4,7 × 4,7 cm;
T18 = 3,4 mm;
MM20 = 3 × 4,7 cm;
T20 = 3,4 mm;

Einführung in bildhafte Modeldarstellungen

Erstlingsvorlagen und ihre Profile

Nach den rein ornamentalen, schnitztechnischen Übungen gilt der nächste Schritt den bildhaften Modeldarstellungen. Man schnitze sie in der Reihenfolge der Zeichnungen, denn diese Vorlagen sind so aufgebaut, daß jeder Schritt den Weg zum nächsten bahnt. Niemand sage, dieses oder jenes sei ihm zu leicht, und überspringe eine Übungsstufe. Es genügt nicht, wenn man aus den Umrissen erkennt, daß dies zum Beispiel ein Herz sein soll. Es ist ebenso wichtig, wie das Herz in das Holz eingetieft ist. Alle Entwürfe lassen sich durch Verzierungen bereichern. Man nutze dies, sobald man die dazu nötige Handfertigkeit erworben hat. Das einfache Herz-Motiv (**Bild 26**) zeigt, wie man es machen kann und soll den Leser des Buches zu eigenen Verzierungsentwürfen anregen.

Bild 25
Herz (Kirsche)
MB = 7 × 7 × 1,5 cm;
MM = 4,8 × 4,5 cm;
T = 6 mm.
(siehe auch Bild 26)

Bild 26
Mit diesem Motiv entdekken wir sinnbildlich unser Herz für das Modelschnitzen. Der Schnitt **c–d** zeigt, daß das Herz an seiner breitesten Stelle am tiefsten eingeschnitzt wird.

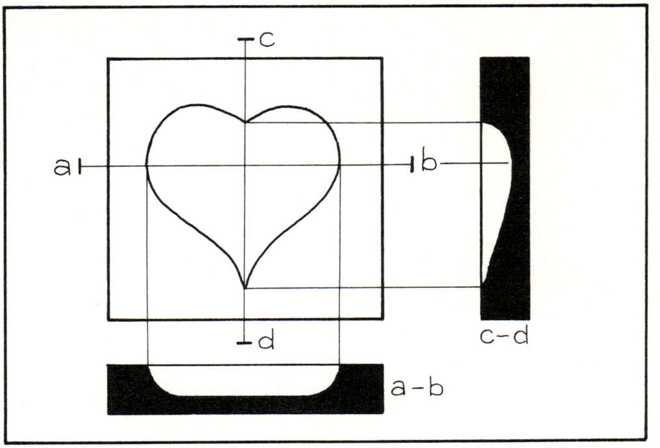

Bild 27
Beim Apfel zeigt der Schnitt **a–b** eine gleichmäßige, halbrundförmige Eintiefung, der Schnitt **c–d** dagegen oben eine stärker gekrümmte Hohlform und unten eine flachere.

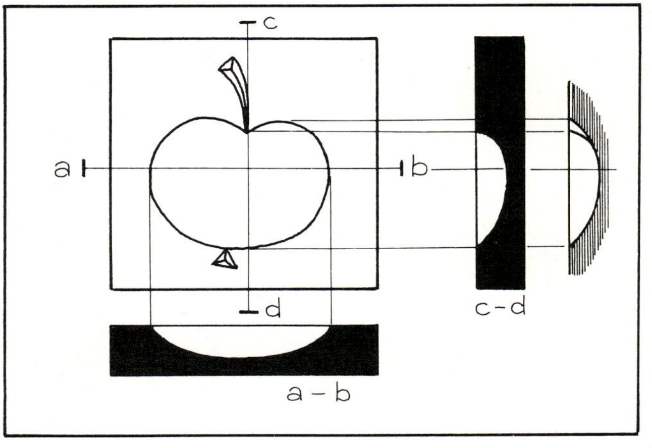

Bild 28
Hier macht der Schnitt **c–d** deutlich, daß die Birne an der dicksten Stelle auch am tiefsten eingeschnitten ist.

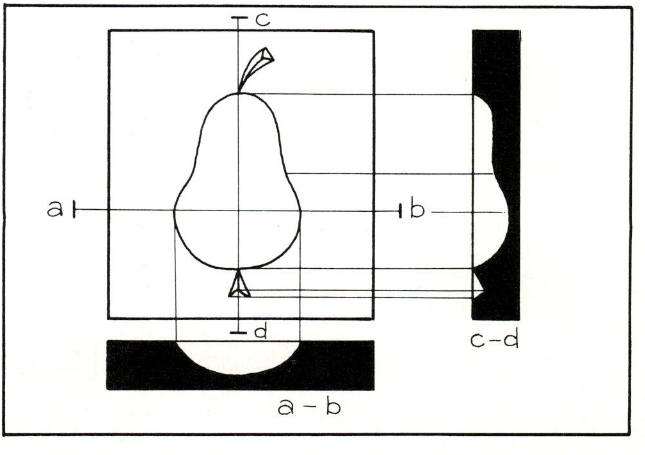

Bild 29
Die Eichel wird ähnlich der Birne eingetieft. Es entsteht jedoch eine Zweiteilung durch eine scharfe Kante, welche die Nuß vom Becher unterscheidet. Der Stiel bekommt einen halbrundförmigen Querschnitt.

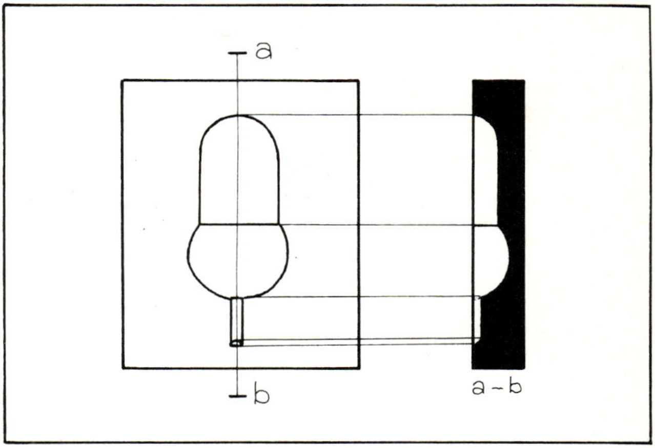

Bild 30
Dieses Motiv zeigt (ornamental angeordnet) einen Regenwurm. Die gesamte Eintiefung ist eine Sache der Hohleisen (Rundkerbe). Je dicker der Leib, desto tiefer wird er eingeschnitzt (siehe Schnitte **e–f** und **g–h**).

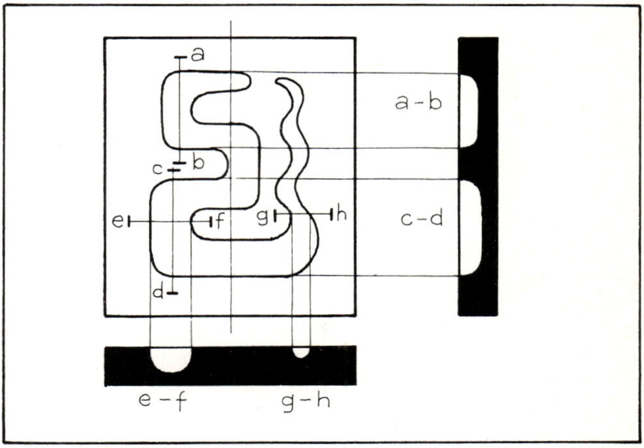

Bild 31
Die Pfeile deuten auf die abgeschrägten Stellen der Glocke. Eine Maßnahme, damit sich der spätere Abdruck gut löst. Aus dem Schnitt **c–d** ist die Form der Einhöhlung gut zu sehen.

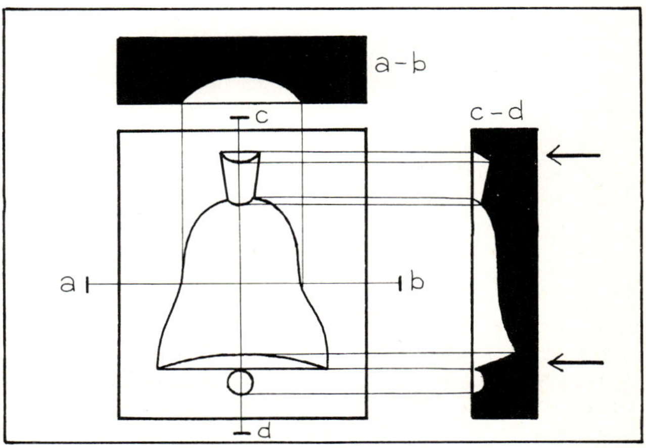

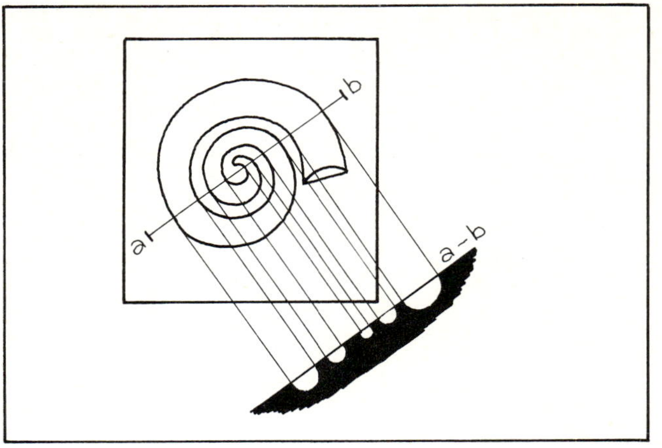

Bild 32
Die Schnecke ist eine reizvolle Hohleisenübung. Wie beim Regenwurm, ergeben sich auch hier unterschiedliche Eintiefungen in das Modelholz.

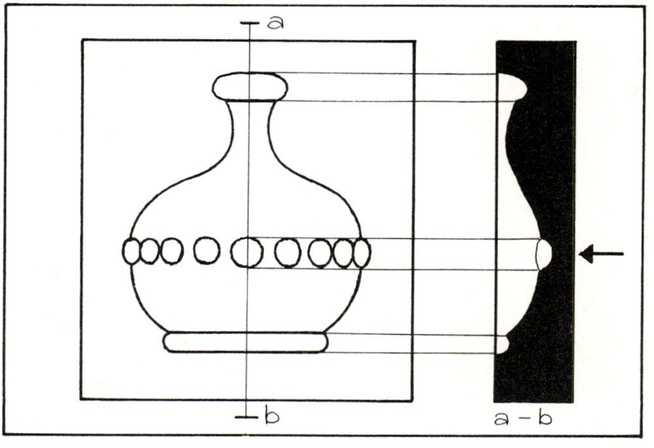

Bild 33
Das bauchige Gefäß soll beim Abdruck eine erhabene Verzierung besitzen. Sie muß darum im Model vertieft eingeschnitzt werden (siehe Pfeil, Schnitt **a–b**).

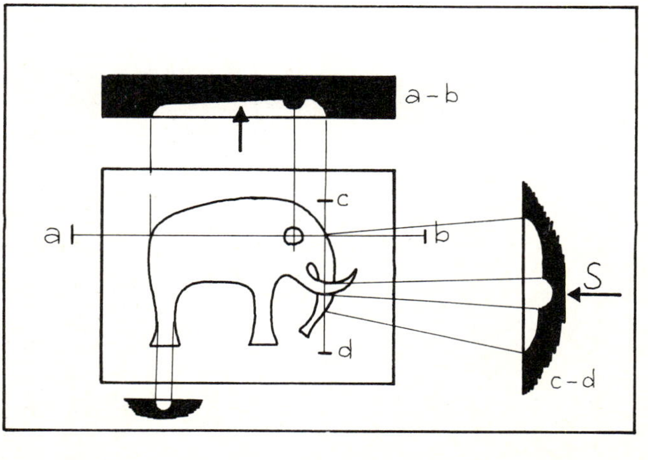

Bild 34
Der Rumpf des Elefantensinnbildes wird flach in das Werkholz geschnitzt (siehe Pfeil, Schnitt **a–b**). Das Auge bleibt erhaben stehen und erscheint im Abdruck vertieft. Der Stoßzahn muß tiefer eingekerbt sein als der Rüssel (siehe Pfeil **S**, Schnitt **c–d**).

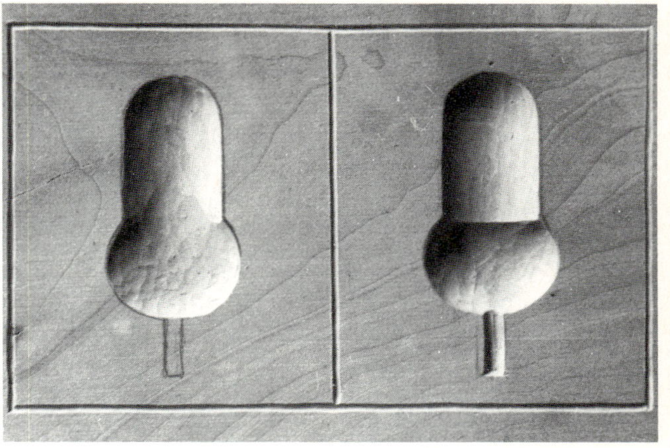

Bild 35
Eichel (Kirsche)
MB = 6,2 × 8 × 1,5 cm;
MM = 1,9 × 4 cm;
T = 4,5 mm.
(siehe auch Bild 29)

Bild 36
Bauchiges Gefäß
(Kirsche)
MB = 7,7 × 8 × 1,5 cm;
MM = 4,6 × 5 cm;
T = 6,7 mm.
(siehe auch Bild 33)

Bild 37
Elefant (Kirsche)
MB = 9,5 × 6,8 × 1,5 cm;
MM = 6,7 × 4,4 cm;
T = 2,5 mm.
(Siehe auch Bild 34)

Bild 38
Aus dem Schnitt **a–b** und **c–d** ist beim Teufelchen klar zu erkennen, daß die Augen und der Mund in der Hohlform erhabene Objekte sind.

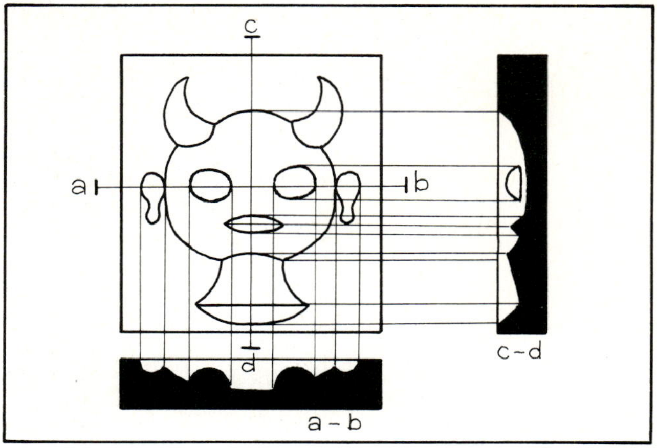

Bild 39
Bei diesem lustigen Typ zeigt der Schnitt **c–d**, daß der Mund in der Hohlform erhaben geschnitzt wird und die Nase vertieft. Die Augen schnitze jeder nach Belieben.

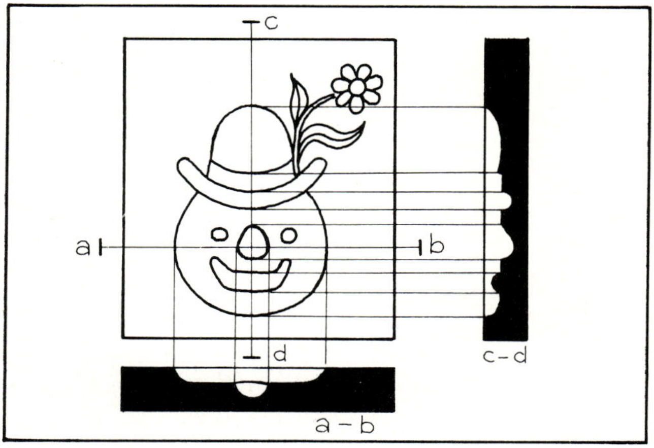

Bild 40
Der Modelentwurf „Das Mädchen" faßt das Gelernte zusammen. Anfängern ist darum zu empfehlen, die besprochenen Model der Reihenfolge nach zu schnitzen.

Bild 41
Teufelchen (Kirsche)
MB = 7,5 × 7,5 × 1,5 cm;
MM = 4 × 4,5 cm;
T = 3,5 mm.
(siehe auch Bild 38)

Bild 42
Lustiger Typ (Kirsche)
MB = 7,5 × 7,5 × 1,5 cm;
MM = 3,8 × 4,5 cm;
T = 5 mm.
(siehe auch Bild 39)

Bild 43
Mädchen (Kirsche)
MB = 7,5 × 7,5 × 1,5 cm;
MM = 4,8 × 4,8 cm;
T = 4 mm.
(siehe auch Bild 40)

Modelübungen mit Werkzeugangabe

Bild 44 links
Dreiblütenblume
(Schnitzmesser, Flacheisen; 4/14, Hohleisen; 11/7).

Bild 44 rechts
Blume
(Schnitzmesser, Flacheisen 4/14, Hohleisen; 11/4 und 11/7).

Bild 45 links
Ameise
(Schnitzmesser, Hohleisen; 11/1 und 11/7, Gaißfuß; 39/3).

Bild 45 rechts
Schnecke
(Hohleisen; 5/5, 11/1, 11/4 und 11/7).

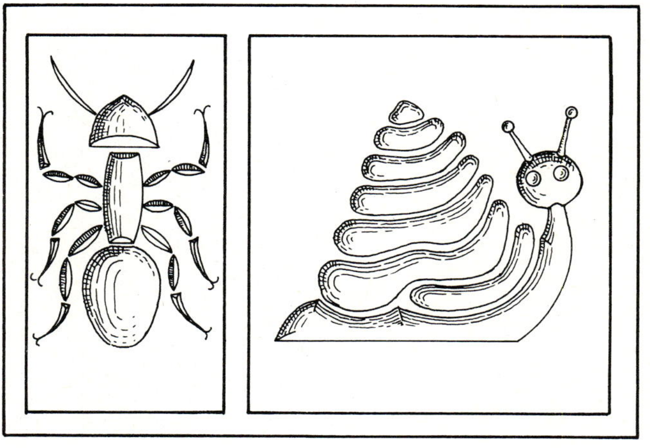

Bild 46 links
Früchtebaum
(Schnitzmesser, Flacheisen; 4/14, Hohleisen; 11/1, 11/2, 11/4 und 11/7).

Bild 46 rechts
Pilze
(Flacheisen 4/14, Hohleisen 5/5, 7/10, 11/4 und 11/7).

Bild 47 links
Dreiblütenblume (Ahorn)
MB = 7,3 × 9 × 1,5 cm;
MM = 4,8 × 5,3 cm;
T = 4 mm.

Bild 47 rechts
Blume (Kirsche)
MB = 5,8 × 8,3 × 1,5 cm;
MM = 3,7 × 6 cm;
T = 2 mm.

Bild 48 links
Ameise (Kirsche)
MB = 5,8 × 8,3 × 1,5 cm;
MM = 3,7 × 5,4 cm;
T = 3,2 mm.

Bild 48 rechts
Schnecke (Ahorn)
MB = 7,3 × 9 × 1,5 cm;
MM = 5,7 × 4,3 cm;
T = 3,3 mm.

Bild 49 links
Früchtebaum (Ahorn)
MB = 7,3 × 9 × 1,5 cm;
MM = 6,1 × 5,8 cm;
T = 2,7 mm.

Bild 49 rechts
Pilze (Kirsche)
MB = 5,8 × 8,3 × 1,5 cm;
MM = 3,2 × 4,9 cm;
T = 2,4 mm.

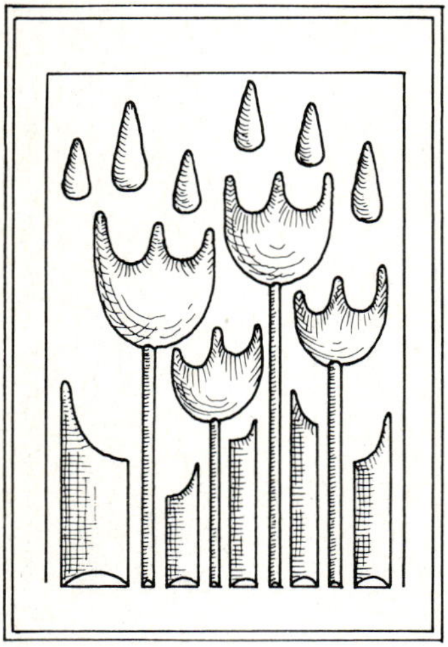

Frühling (**T** = 2,7 mm)

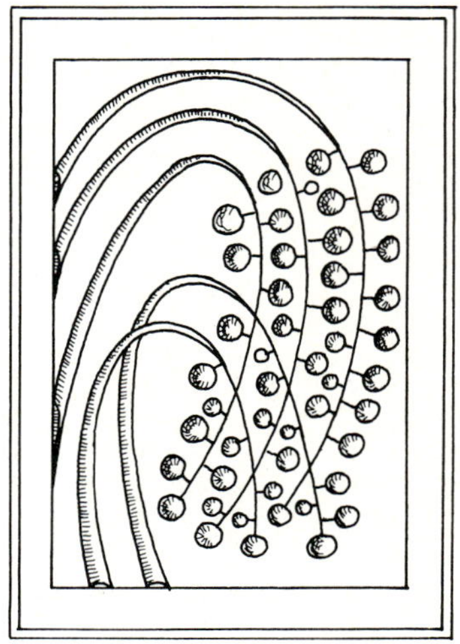

Sommer (**T** = 1,2 mm)

△ **Bild 50** ▽ **Bild 52**

△ **Bild 51** ▽ **Bild 53**

Herbst (**T** = 3 mm)

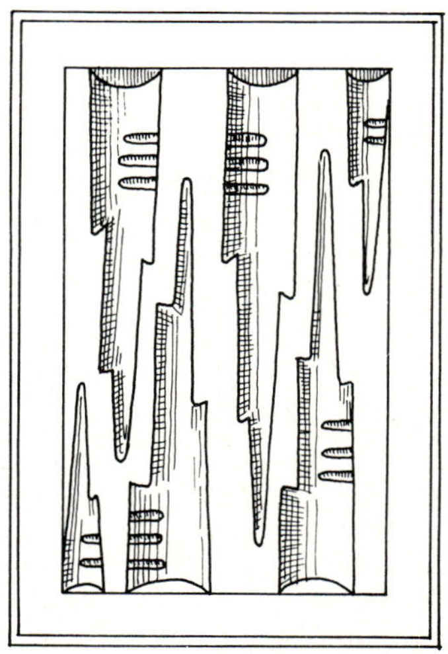

Winter (**T** = 3 mm)

Bild 54 *Vierjahreszeiten* (Ahorn) (**MB** = 18,5 × 23 × 1,5 cm)

Der Model „Die Selbstbewußte"

Beim Modelentwurf „Die Selbstbewußte" sind in gesteigertem Maße verschiedene Umrißformen mit unterschiedlichen Einwölbungen und Tiefen zusammengefaßt. Man lasse sich durch derartige „Anhäufungen" nie verwirren, sondern betrachte das Ganze als eine Zusammenfassung von Einzelaufgaben, welche schrittweise gelöst werden (siehe Seite 34). Der vorliegende Model ist aus Rotbuchenholz geschnitzt.

Bild 55 und **57**: Zuerst schnitzt man den Kopf, den Hals, den Oberkörper, die Taille und das Röckchen.

Bild 58: Jetzt ergänzt man die Figur durch die Haarhaube, die Zöpfe, Arme und Beine.

Bild 59: Die Kopfeinhöhlung muß durch das Bilden von erhabenen, halbkugeligen Augen tiefer eingesenkt werden. Der Mund wird vertieft eingekerbt, ebenso die zwei kreisrunden Brüstchen. Die Zopfmaschen schneidet man über die Zöpfe hinweg geradflächig ein. In Mitte der Maschen beläßt man eine leicht erhöhte Schnittkante.

Bild 60: Die Haare erhalten durch feine Gravuren ihre stilistische Eigenart. Mit demselben Hohleisen schnitzt man auch die Gürtelschnalle vertieft ein sowie die Besäumung des Rockes.

Bild 55
Die Selbstbewußte
(Rotbuche)
MB = 12 × 12 × 1,5 cm;
MM = 6,1 × 8,3 cm;
T = 5 mm.
(siehe auch Bild 57)

Bild 56 Fertiger Model *Die Selbstbewußte*

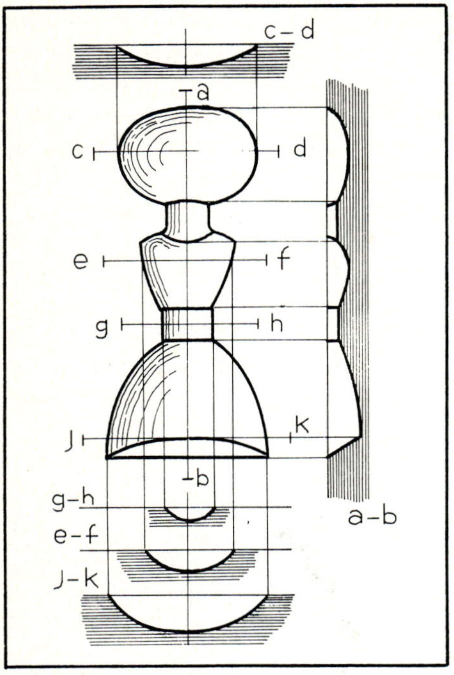

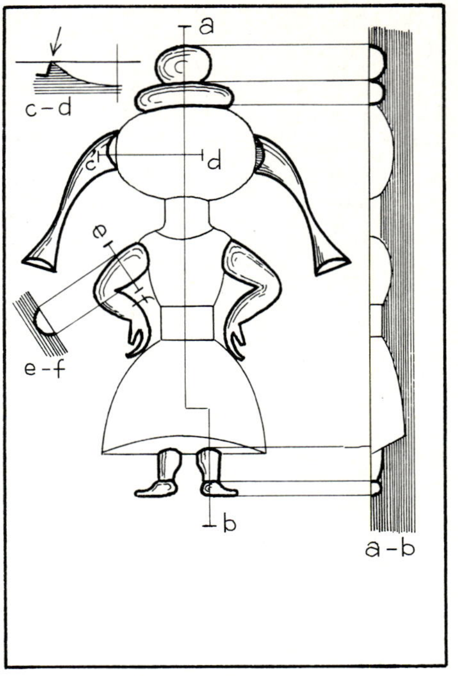

△ **Bild 57** ▽ **Bild 59**

△ **Bild 58** ▽ **Bild 60**

Pflanzenmotive und Testmodel

Man greife immer wieder zu Bleistift und Papier und erprobe seine Fantasie.

Diese, mit dem Hohleisen und den Flacheisen geschaffenen Model sollen anregen, „eigene Gewächse“ selbst zu erfinden.

An Hand der folgenden Seite kann jeder seine inzwischen erworbene Sicherheit im Modelschnitzen überprüfen. Man suche zuerst die Motive heraus, von denen man annimmt, daß sie keinerlei Schwierigkeiten bereiten, und versuche, auf diesem individuellen Weg alle Modelübungen zu meistern (siehe Seite 37). Die Testmodel sind auch eine Herausforderung und ggf. eine Aufforderung, das Kapitel „Methoden und Techniken in der Darstellung und im Einschneiden von Negativbildwerken“ sehr genau zu lesen, denn grundlegendes Wissen macht den Modelschnitzer sicher!

Bild 61 und 62
Pflanzenmotive
(Nußbaum)
MB = 20,8 × 10 × 1,5 cm (alle Motive auf einem Brettchen);
MM1 = 3,7 × 6 cm;
MM2 = 3,5 × 6,6 cm;
MM3 = 3,3 × 6 cm;
MM4 = 3,2 × 6,3 cm;
T1 bis **4** = 3 mm.

Bild 63 *Modeltabelle* zum Testen

Bild 64 *Testmodel* (Kirsche) (**MB** = 15,4 × 20,7 × 1,5 cm).

Kerbschnittmodel

Kerbschnitzereien eignen sich vorzüglich als Modelbilder, denn ihre Abdrücke ergeben Positive. Die hier gezeigten Entwürfe bestehen aus lose aneinandergefügten Keilkerben (**K**). Fast alle Anfänger neigen dazu, die Kerben viel zu tief einzuschneiden, und haben anschließend mit dem Versäubern größte Schwierigkeiten. Das richtige Maß zeigt der Schnitt durch die Schwanzfedern der Ente (**Bild 65** rechts). Mit dem Gaißfuß Ungeübte verwenden für diese Schnitzarbeiten das Flacheisen; Stich 4/14 mm breit. Eine Vorarbeit mit den jeweils entsprechend breiten Hohleisen (Bohrern) ist sehr zu empfehlen. **Bild 65** links zeigt einen Käfer, es folgen nach der Ente ein Fisch (**Bild 66** links), eine Katze (**Bild 66** rechts), ein Lindwurm (**Bild 67** links) und ein Hahn (**Bild 67** rechts). Es ist anregend, aus Kerben Bildwerke zusammenzufügen, und es gibt kein Thema, das man mit ihnen nicht bewältigen könnte. Ihre einfache Gestaltung hilft den Anfängern beim Entwerfen und schützt vor zu verkrampften Versuchen, die Natur zu kopieren. Kerben zwingen zur Umsetzung von Erschautem. Sie sind darum Helfer bei einem Reinigungsprozeß im Bemühen, das Wesentliche zum Ausdruck zu bringen.

Kerben eignen sich insbesondere zum Bilden reiner Sinnbildzeichen.

Bild 65

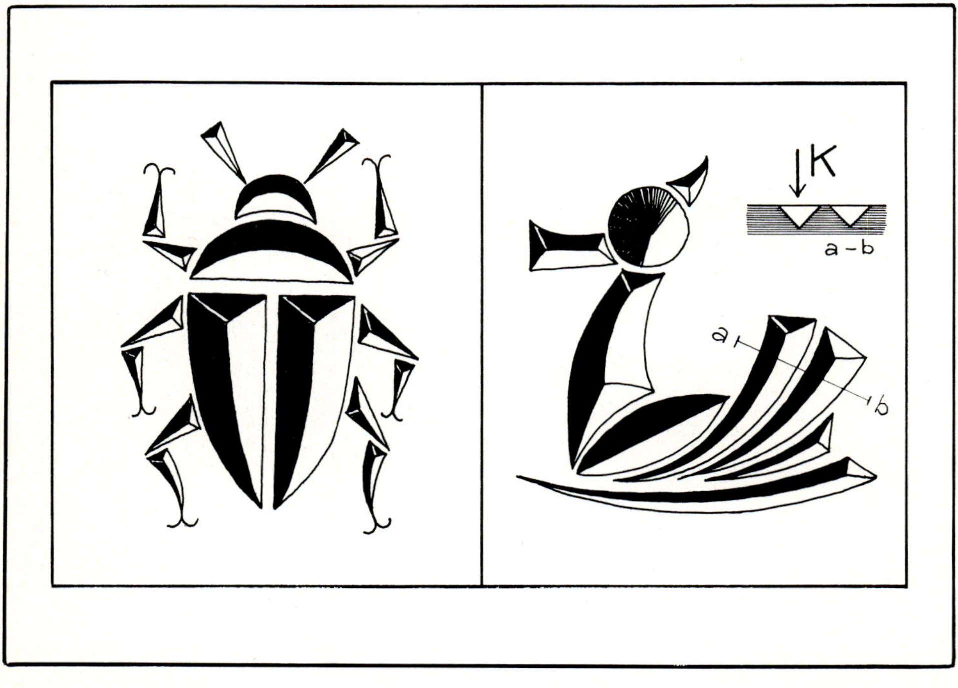

Bild 66 und 67

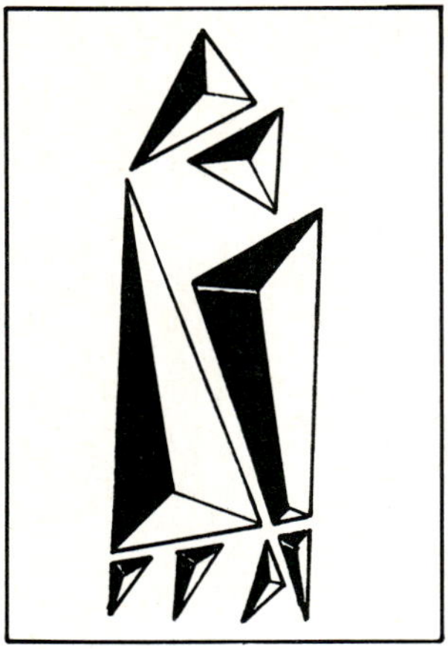
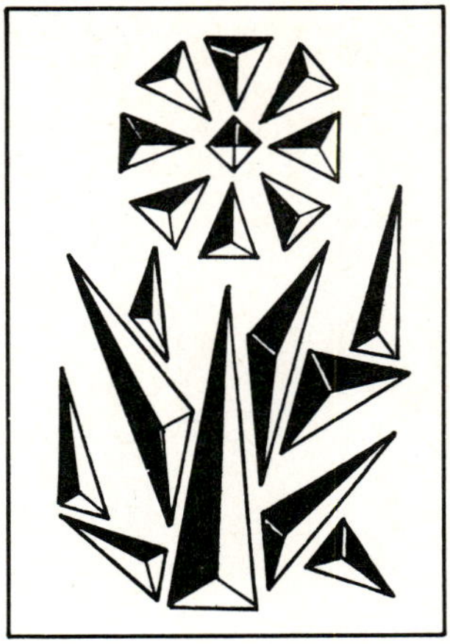

Bild 68 und 69
Zuneigung
und *Wunderblume*

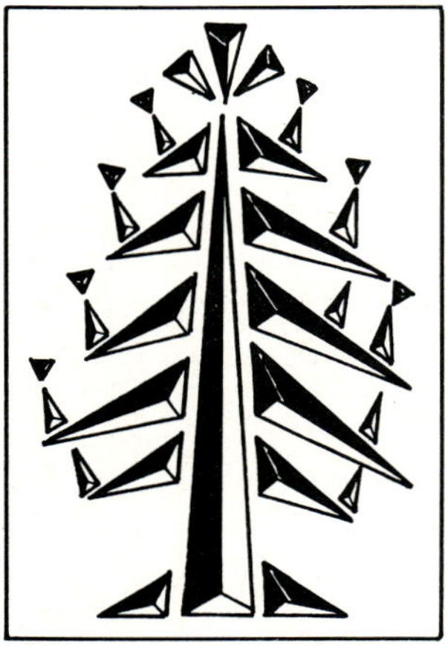

Bild 70 und 71
Weihnachtsbaum und
Segelboot

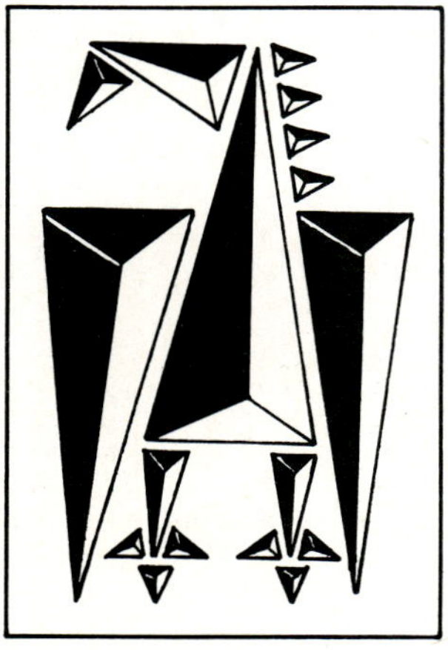
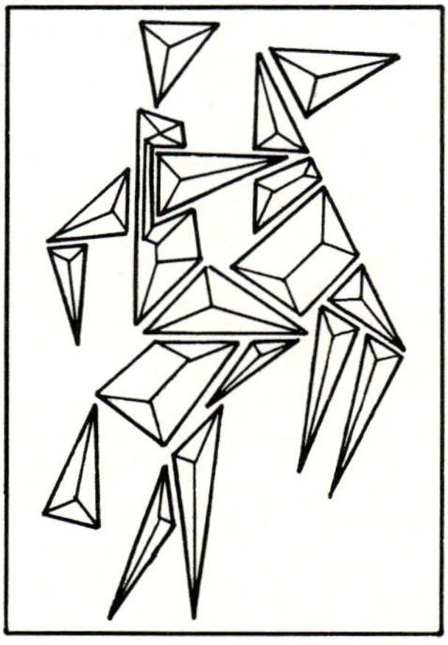

Bild 72 und 73
Adler und *Reiter*

Bild 74 *Kerbschnittreiter* (Ahorn) (**MB** = 9 × 12 × 1,5 cm; **MM** = 4,6 × 7,2 cm; **T** = 2,5 mm).

Bild 75 *Lokomotive* und *Stille Nacht* als Springerlegebäck

Plastilin als Hilfsmittel

Überprüfung eines Models

Ein gutes Mittel zur Überprüfung eines geschnitzten Models besteht darin, daß man es mit Plastilin ausfüllt. Das sollte man schon öfters während der laufenden Schnitzarbeit getan haben. Wichtig ist dabei, daß man mit dem Daumen die Knetmasse kräftig eindrückt. Alle Formen im Model müssen gefüllt sein. Solche Probeabdrücke decken Fehlstellen auf und geben die Möglichkeit zur sofortigen Korrektur.

Wie erhält man ein Model-Modell?

Bei besonders reich verziert geplanten Modeln ist es oft schwierig, ihr Bildwerk in der Vorstellung umzusetzen, da es ja eingetieft wiedergegeben werden soll. Da in diesem Falle das natürlich gesehene erhabene Bild sich leichter vorstellen läßt, schnitze man es zuerst. Wenn über dieses Positiv die Knetmasse gedrückt wird, erhält man das Negativbild, das als Modell (als Vorlage) alle Einzelheiten des geplanten Models genauestens „verrät". Jetzt kann man sicher auf das Ziel hinarbeiten, weil die Vorstellungskraft nicht mehr überfordert ist. Da das Positiv- und das Negativbildwerk in diesem Lehrgang in engem Zusammenhang stehen, ist der erhaben geschnitzten Darstellung ein Sonderkapitel gewidmet.

Vervielfältigungen eines Positivs oder Negativs

Plastilinabdrücke, seien es Negative oder Positive, eignen sich vorzüglich zur Vervielfältigung der Springerlesbildchen. Man kann Gips darübergießen, und ist dieser hart geworden, so läßt er sich leicht aus seiner Gußform lösen. Es gibt auch Modelliermasse zu kaufen, welche nach angemessener Frist eine strapazierfähige Härte annimmt. Mit dieser sind Kopien von den geschnitzten Positiven oder Negativen möglich.

Bild 76
Entwurfzeichnung
Die feinen Linien innerhalb der kräftiger gezeichneten Umrisse sind markante Schrägeinschnitte. Alle sonstigen Modeleintiefungen wölben sich in runden Flächen ein.

Bild 77
Automodel, aus Ahornholz geschnitzt (Negativ)
MB = 13,2 × 7,8 × 1,5 cm;
MM = 10,5 × 4,9 cm;
T = 2 mm.

Bild 78
Der Plastilinabdruck (das Positiv)

Methoden und Techniken in der Darstellung und im Einschneiden von Negativbildwerken

Ausdrucksvoll ist beim Model immer das Raumfüllende.

Die folgenden Seiten machen mit verschiedenen gestalterischen Fragen vertraut. Je sicherer man in seinem Fach ist, um so mehr macht es Freude und um so mehr kann man sich an reichere Arbeiten wagen. Man übe sich im Skizzieren, Zeichnen und Modellieren. Das sind vorzügliche Übungen, um Ideenbilder festzuhalten und ihnen Gestalt und Form zu geben.

In der Vorstellung sieht man das Ganze. Die genaue Planung aber konfrontiert mit den Einzelheiten, mit den Problemen, die bei einem Vorhaben auftreten können. Man wird gezwungen, sich über diese vor dem Schnitzen Gedanken zu machen, bevor man sich im Werkholz „verschnitzt". Ein „Rückzug" vom einmal gemachten Schnitt ist dann meistens schwierig und nur bei Veränderung des Vorgehabten möglich. Es kann darum nicht oft genug darauf hingewiesen werden, daß man nicht einfach drauflosschnitzt, sondern sich wirklich sicher ist, daß man die geplante Arbeit in allen Einzelheiten beherrscht. Der Vorteil einer guten Planung besteht auch darin, daß man „Zeit gewinnt", seine Modeldarstellung bildhaft und flächenmäßig richtig zu ordnen, so daß keine klaffenden Leerräume entstehen, die das Modelbildwerk zum unausgewogenen und dünnen Machwerk stempeln. Ausdrucksvoll ist beim Modelschnitzen immer das Raumfüllende. Alles folgende sollte man schnitzend nachvollziehen, um die gewonnene Sicherheit zu überprüfen.

Lose und zusammenhängende Bildsegmente

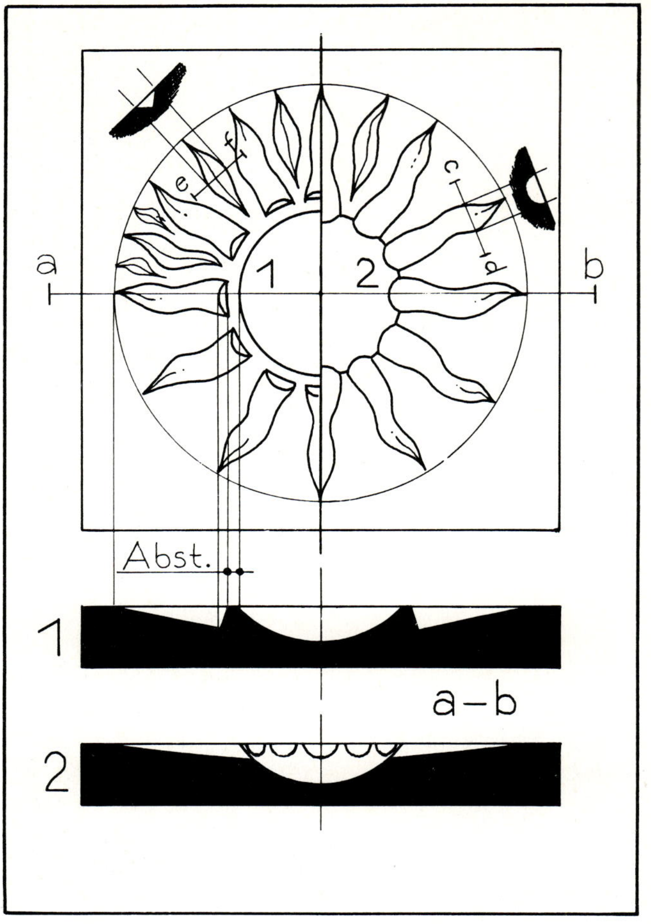

Bild 79
Man sollte die „Lückenfüller" und die Spitzen der Hauptstrahlen auch mit dem Schnitzmesser und dem Flacheisen üben.

Ein Modelbild kann aus einzelnen Elementen lose zusammengesetzt werden (siehe Sonnenhälfte **Bild 79/1**). Die Sonnenscheibe ist hier ein Teil für sich, und die Strahlen sind auf Abstand (Abst.) um sie herum angeordnet (siehe Schnitt, der diese Situation und die Art der Eintiefungen in das Werkholz veranschaulicht). Auf **Bild 79/2** fließt die Sonnenscheibe lückenlos in die Strahlen über. Sie werden mit dem Hohleisen unmittelbar in den Sonnenrand eingekerbt. Die Strahlenspitzen schafft man mit dem Gaißfuß. Bei beiden Entwürfen gehen die Strahlen in runde Einkerbungen über (siehe Schnitt **c–d**). Damit eine dichte Korona entsteht, lassen sich zwischen die Hauptstrahlen kürzere Strahlen als „Lückenfüller" eingliedern (Schnitt **e–f**).

Die „Lückenfüller" werden insgesamt mit der Stichform des Gaißfußes geprägt.

Vorherige Eintiefung einer Motivfläche

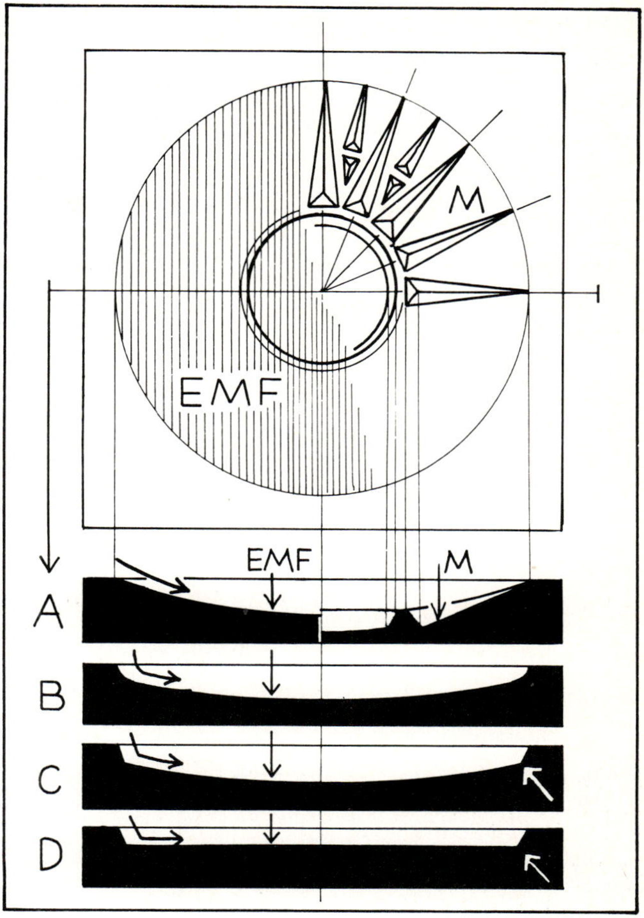

Bild 80
Kerbschnittsonne
EMF = Eingetiefte Motivfläche;
M = Das Motiv (Modelbild).

Jetzt, beim Abdruck, tritt das Bildwerk, sich hochwölbend, plastisch in Erscheinung.

Die bisher gezeigten Sonnen waren unmittelbar in die gerade Holzoberfläche eingeschnitten. Auf diese Weise entsteht später ein dementsprechend flaches Backwerkbild. Die Situation ändert sich aber sofort, wenn man vorher die gesamte Motivfläche eintieft (siehe **Bild 80**, Schnitt **A**, Pfeil **EMF**) und erst dann die Darstellung einschneidet (siehe Pfeil **M**). Jetzt tritt das Bildwerk beim Abdruck, sich hochwölbend, sehr plastisch in Erscheinung. Schnitt **B** und **C** zeigen andere Einschnittränder. Man kann die Motivfläche auch geradflächig einschnitzen statt gewölbt (**D**). Bei Schnitt **C** und **D** enden die Strahlen dort, wo die hellen Pfeile stehen.
Bei Entwurfsarbeiten zur Schaffung von Arbeitsunterlagen schraffiere man die Motivfläche stets vertikal.

Bild 81
Eingetiefte Motivfläche
wie Schnitt **A** (Seite 47)
MB = 9 × 9 × 1,5 cm;
MM = ∅ 7,6 cm;
T = 7,6 mm.

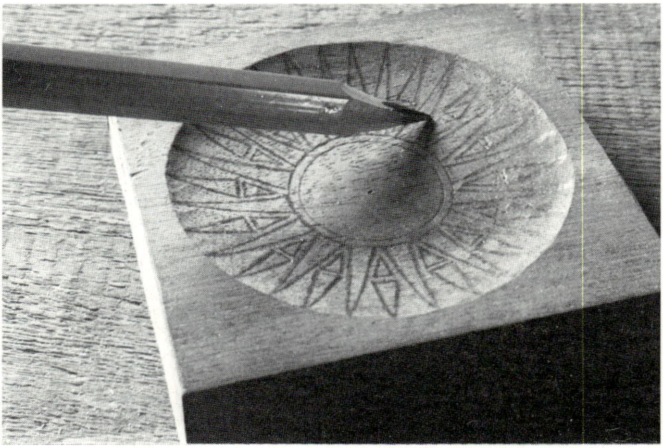

Bild 82
Die Sonne (aufgepaust)

Bild 83
Sonnenmodel
(Mahagoni)
T = 9,5 mm
(Kerbschnitzerei)

Verschiedene Motivflächen und deren Eintiefung

Bild 84 hat den Titel „Das geometrische Gesteck". **Bild 85** versinnbildlicht Trauben, und **Bild 86** zeigt das Motiv Flammen (das Feuer). Diese Entwürfe lassen sich direkt in das Werkholz schneiden. Wie bereits besprochen, wird ein Backwerkabdruck aber plastischer, wenn man vorher die Motivflächen der Model eintieft. Die Umrisse derselben entnimmt man den Entwürfen (siehe die Strichpunktlinien). Ein sorgfältiges Abnehmen der Konturen ist wichtig, sie dürfen vom Modelbild nicht abweichen. Man kann dazu Transparentpapier verwenden, welches anschließend eine nützliche Arbeitsschablone ergibt. Die Motivflächen schnitze man sehr fein, damit ein deutliches Einpausen aller Details des Modelbildes möglich ist.

Man vermeide ein Glätten mit Glaspapier, weil dessen Rückstände die Schnitzeisen stumpf werden lassen.

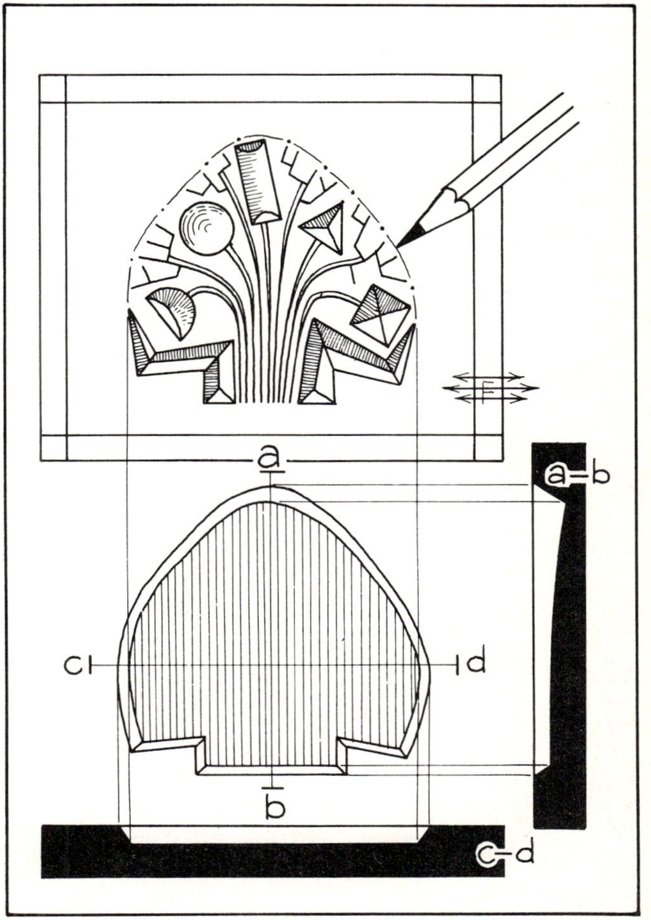

Bild 84
Das geometrische Gesteck besitzt ein geradflächiges Motivfeld, welches sich nach oben zu tiefer in das Werkholz einwölbt. In dieses Feld wird die Darstellung als Kerbschnitzerei eingeschnitten. Man übt sich dabei mit dem Schnitzmesser, mit dem Flacheisen und mit dem Hohleisen. Das feinstielige Füllwerk und dessen Verästelungen werden mit dem Hohleisen; Stich 11/1 oder 11/2 eingraviert. Oben sollen die Stiele etwas breiter und tiefer eingeschnitten sein.

Bild 85
Die Trauben werden mit den Hohleisen in die Motivfläche eingetieft, der Stiel mit dem Schnitzmesser, Flacheisen oder Gaißfuß, und das Beerengerippe mit dem Hohleisen; Stich 11/1.

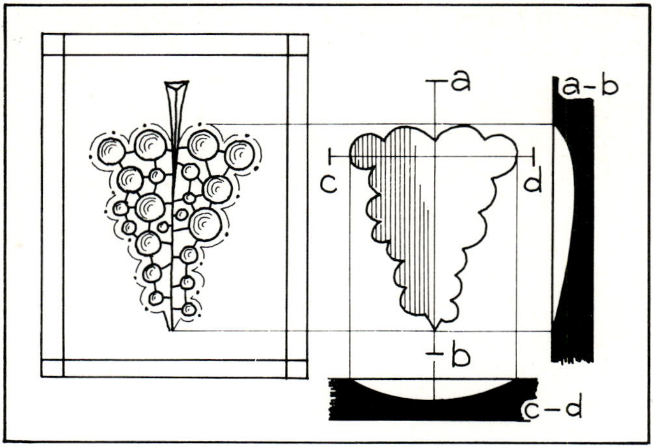

Bild 86
Man markiert den Flammenbeginn (siehe Pfeil) durch einen schrägen Steileinstich mit dem Flacheisen und schnitzt mit dem Gaißfuß, bei den Spitzen beginnend, dagegen. Die eingefügten Elemente beginnt man jeweils an beiden Spitzen. Man kann auch für dieses Motiv nur das Schnitzmesser beziehungsweise Flacheisen verwenden.

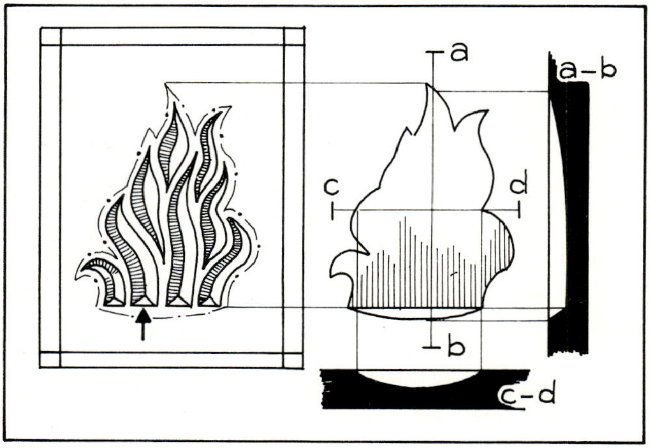

Bild 87
Trauben und *Flammen* (Motivflächen in Ahorn)
MB = 11 × 7,5 × 1,5 cm;
MM = 3,1 × 4,4 cm (Trauben);
T = 1,5 mm (Trauben);
MM = 3,2 × 4 cm (Flammen);
T = 1,9 mm (Flammen).

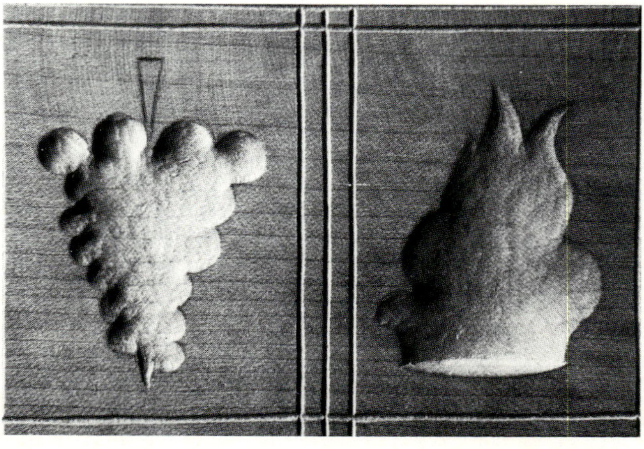

Die hochgewölbte Backwerkoberfläche

Wenn ein Abdruck in seiner Gesamtheit eine ballige Oberfläche besitzen soll, vertiefe man dementsprechend auch die gesamte Modeloberfläche innerhalb seiner Umrahmung. Bei der seither besprochenen Motivfläche bezog sich dies nur auf die Fläche innerhalb der Umrisse oder Begrenzung einer Darstellung. Beim Modelentwurf (**Bild 88**) ist somit die gesamte Fläche innerhalb der geschweiften Rundkerbenumrahmung eingesenkt, und in diese ist das Motiv eingeschnitten. Es nennt sich „Die verliebten Fabelwesen". Die Körper der Tiere sind raupenartig gegliedert. Zu ihrer Herstellung ist man gezwungen, erworbene Fertigkeit in der Beherrschung der Hohleisen (Bohrer) zu erproben. Die Augen liegen erhaben in den eingetieften Köpfen.

Für diese humorvolle, zart empfundene Studienarbeit wurde Ahornholz verwendet.

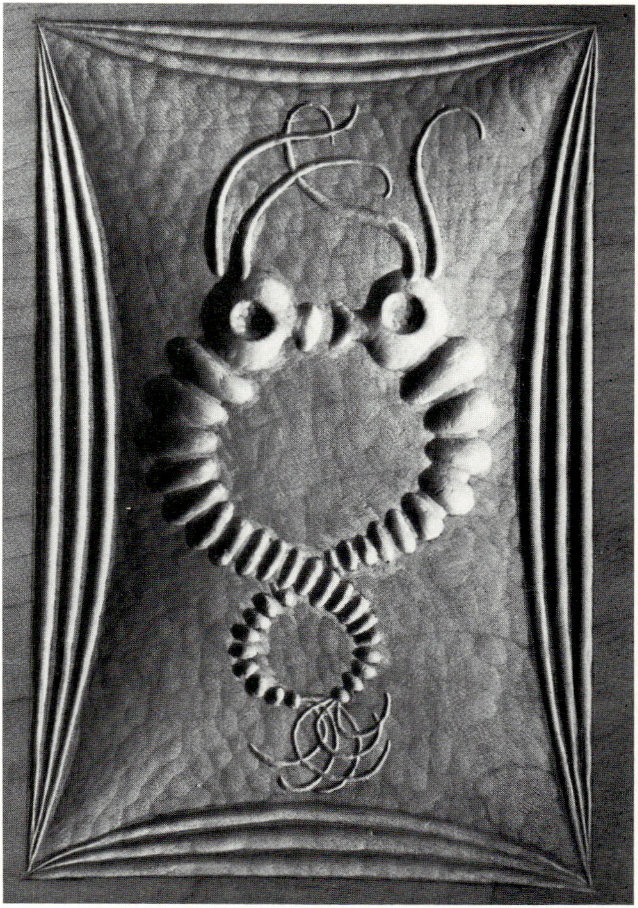

Bild 88
Die verliebten Fabelwesen (Ahorn)
MB = 14 × 18,3 × 1,5 cm;
MM = 6,3 × 11,8 cm;
T = 7 mm.

Darstellung von Überschneidungen (Überkreuzungen)

Bild 89
Hier dringen drei Sterne ineinander, und zwar so, daß einer der Strahlen von Stern **2** bei Pfeil **A** unter einen Strahl von Stern **1** angeordnet ist und bei Pfeil **B** darüber. Diese Situation wird hier jeweils durch einen kleinen Abstand (**Abst.**) festgelegt (siehe als Beispiel die Stelle Pfeil **A**, Schnitt **a–b**). Bei Pfeil **C** wird die Strahlenspitze von Stern **3** in den Strahl von Stern **1** geschnitzt. Man übe dieses Sternenmodel auch im Eintiefungsprofil **G**.

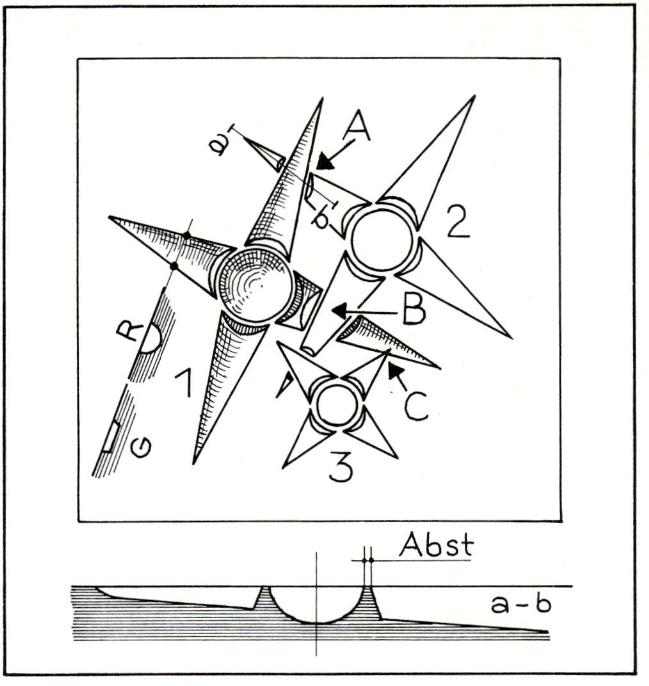

Bild 90
Man kann die Sternenhäufung auch, wie bei der Sonne (**Bild 79**/2, Seite 46), schnitztechnisch so miteinander verbinden, daß alle Elemente ineinander überfließen. Die Überkreuzungen ergeben sich auch hier durch ein Unterbrechen oder Weiterführen eines Strahls. Der darüberliegende Strahl muß immer etwas tiefer eingekerbt werden (siehe Schnitt). Die Strahlenspitzen beginnt man auf eine kurze Strecke mit einem feinen Hohleisen (Bohrer), dem Gaißfuß oder dem verkantet geführten Flacheisen.

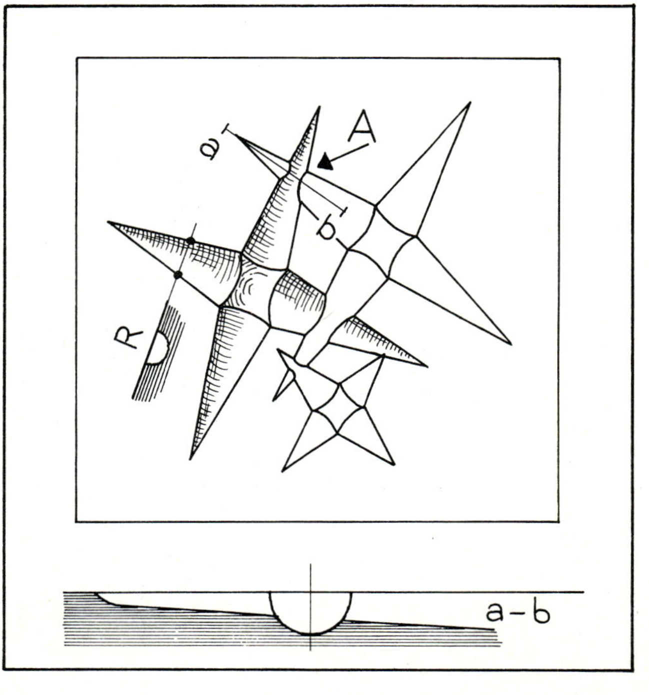

Bild 91
Diese Sternengruppierung ist geradflächig eingeschnitten und jeder Stern wiederum aus einem Guß gedacht. Die Berührungspunkte der Strahlen sind zur Unterscheidung (welche von ihnen darunter oder darüber liegen) unterschiedlich eingetieft. Auch hier gilt: Die darüberliegenden Strahlen werden tiefer in das Werkholz geschnitzt (siehe Schnitt).

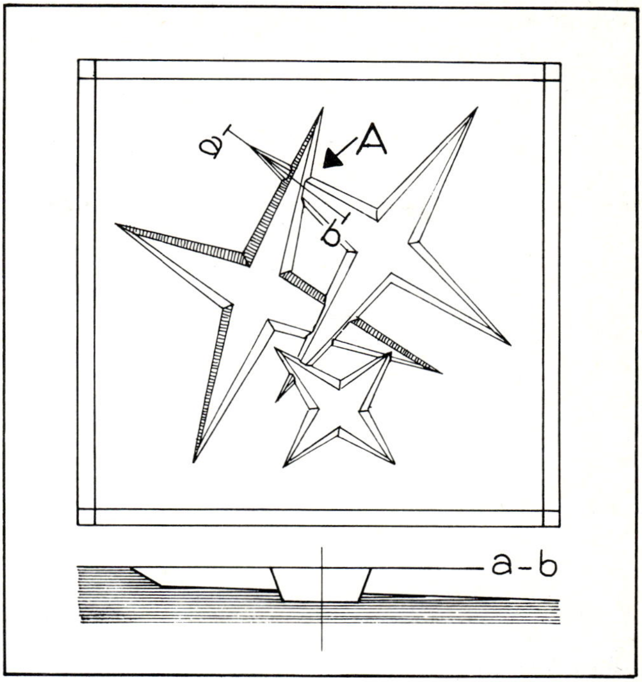

Bild 92
Überschneidungen können im Backwerkabdruck (Positiv) auch durch Einkerbungen (**K**) kenntlich gemacht werden. Diese treten im Negativbildwerk dann als zierliche „Trennwälle" auf (Pfeile **TW**, siehe Schnittzeichnungen und räumliche Darstellung). Diese schnitztechnische Übung ist jedem zu empfehlen, der es im Modelschnitzen zu guter Handfertigkeit und zu einer gewissen Meisterschaft bringen will. Nebenstehende Zeichnung zeigt die Situation Pfeil **A** (**Bild 91**) der Sterngruppierung.

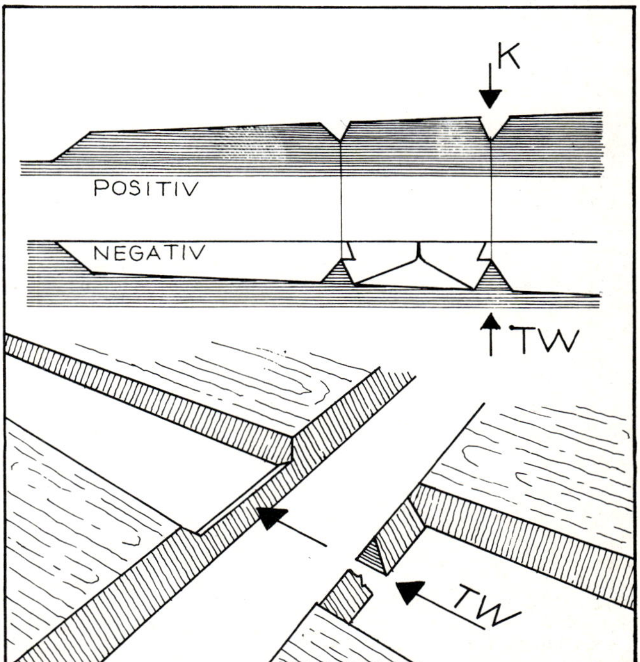

Wenn Bildsegmente in andere hineinragen

Zwischen den einzelnen Objekten muß man immer genau abgrenzen können.

Wenn Darstellungen, wie hier der Mond und der Stern (**Bild 93**), in eine andere Vertiefung, hier in die Sonnenscheibe, hineinragen, so werden sie markant eingeschnitten. Es müssen dabei scharfe Konturen entstehen. Zwischen den einzelnen Objekten muß man immer genau unterscheiden können. Sie dürfen nicht unklar miteinander verschmelzen. Man schnitzt die Sonne zuerst (**Bild 94**)! Zum Verständnis für jedermann einige gestalterische Hinweise: Alle Augen und Münder sind erhaben geschnitzt. Die Sonnenaugen erhalten eingetiefte Pupillen. Die Strahlen sind Keilkerben. Die Sonnenseite des Mondes ist scharfkantig gestaltet, siehe die Pfeile der Profile (**Bild 95**). Die Wolkengebilde, siehe den Schnitt **e–f**, haben unterschiedliche Tiefen. Und noch ein Hinweis: Die Augen und Münder von Sonne und Stern liegen in ihrer Höhe unterhalb der Werkstückebene.
Fertigung: Flacheisen; Stich 4/14, das Hohleisen; Stich 5/5 und 7/10 sowie die Hohleisen; Stich 11/4 und 7 mm. Für die seitlichen Wolkengebilde und Tropfen: Hohleisen; Stich 7/10 und die Hohleisen; Stich 11/4 und 7 mm. Und für das Einhöhlen der Gestirngesichter benutzt man das Eisen; Stich 7/10.

Bild 93

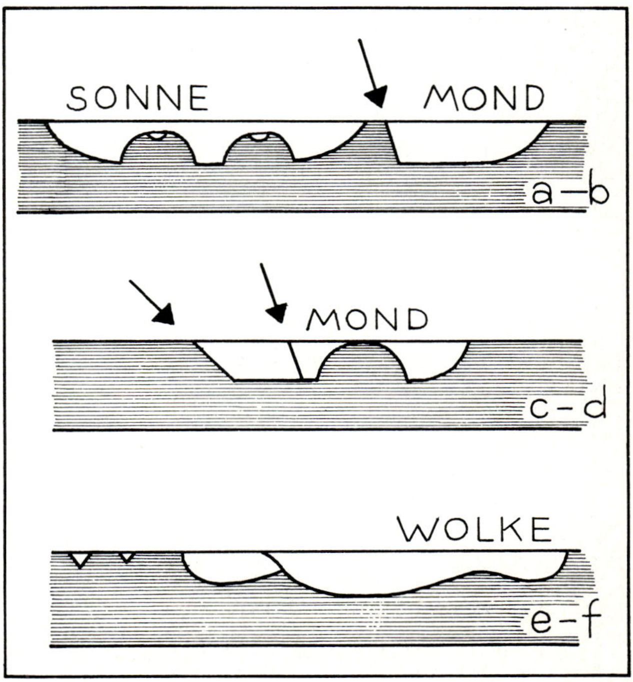

Bild 94 oben
Bild 95 unten
Sonne, Mond und Stern
(Linde)
MB = 18,7 × 11,4 × 1,5 cm;
MM = 10,3 × 8,1 cm (Sonne, Mond, Stern);
T = 7 mm;
MM = 1,8 × 9 cm (Wolken);
T = 5 mm.

Die Reihenfolge im Einschneiden von Bildsegmenten

Beim Model Sonne, Mond und Stern (**Bild 93**) mußte zuerst die Sonne fertig sein, denn sie bestimmte, wie tief die Teile von Mond und Stern in sie eingeschnitzt werden müssen, damit alle Objekte beim Backwerkabdruck markant gegeneinander abgegrenzt sind. Jetzt, beim Blattmotiv, bestimmt das jeweils abgedeckte Blatt die Einschnitt-Tiefe des darüberliegenden. Man schnitzt darum in der Reihenfolge zuerst Blatt **1**. Es bestätigt sich dabei die Regel, daß alles oben (darüber, im Vordergrund) Angeordnete ein tieferes Einschneiden verlangt, zumindest aber an den Stellen, wo die Konturen der Blätter sich klar voneinander abheben müssen. Im vorliegenden Fall neigt sich Blatt um Blatt von rechts nach links in das andere hinein (siehe Pfeile der Schnittzeichnung).

Hinweis: Der Stiel von Blatt ***3*** *muß tiefer eingekerbt werden, weil er den von Blatt* ***2*** *überkreuzt.*

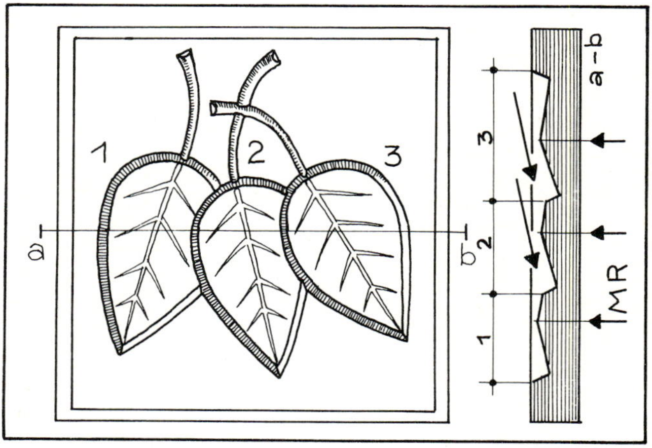

Bild 96
Von ihren mittleren Rippen senken sich die Blätter auf ihre Umrisse ab (siehe Schnitt, Pfeile **MR**). Die Blätter schnitzt man mit dem Flacheisen; Stich 4/14, ihre Rippen mit dem Hohleisen; Stich 11/1 und die Stiele mit dem Hohleisen, Stich 11/2. Zum Entstehen der oberen runden Blattkonturen erweist sich das Hohleisen; Stich 7/10 als sehr praktisch.

Bild 97
Das geschnitzte Model
(Ahorn)
MB = 8 × 8 × 1,5 cm;
MM = 5,6 × 6 cm;
T = 2 mm.

Bild 98
Dieser Entwurf hat den Titel „Blumen hinter dem Gartenzaun". Man übe sich hier in folgender Regel: Alles was über dem anderen liegt (also das andere verdeckt), muß tiefer eingeschnitten werden.

Bild 99
Blumen hinter dem Gartenzaun
(Model aus Ahornholz)
MB = 12,5 × 16 × 1,5 cm;
MM = 7 × 8,4 cm;
T = 2,5 mm.

Die verschiedenen Eintiefungsebenen

Modelbilder, welche Gebäude (Gehöfte, Dörfer oder Städte) darstellen, lassen sich nach einem Schema zeichnerisch gut planen und schnitzen. Wichtig ist nur, daß alle Objekte in Frontansichten geordnet werden. Solche Entwürfe dürften kaum Beschwernisse bereiten, da kein perspektivisches Sehen und Gestalten des Motives abverlangt wird. Das Studienobjekt, ein Betonkomplex mit vier Bauteilen, ergibt drei Eintiefungsebenen. Das Gebäude im Hintergrund ist Ebene **1**. Es wird in der Reihenfolge zuerst eingeschnitzt, weil es im Model die flachste Vertiefung bildet. Der Bauteil im Mittelgrund wird demnach zur Ebene **2** und die beiden Klötze im Vordergrund zu **3**. Diese erfordern das tiefste Einschneiden, denn sie stehen dem Betrachter am nächsten.

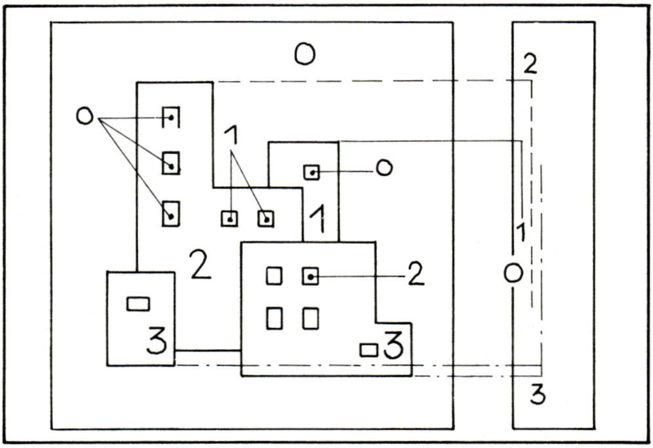

Bild 100
So wird der Entwurf in einfachen Umrißlinien auf das Modelholz gepaust, dessen Werkseite die Ebene **0** ist. Die Fenster bleiben auf den jeweils eingetieften Flächen erhaben stehen. Auf welcher Einschnittstufe (Ebene), das sollte man zu Anfang nach eigenem Ermessen festlegen. Die Seitenansicht der Zeichnung zeigt das Eintiefungsschema.

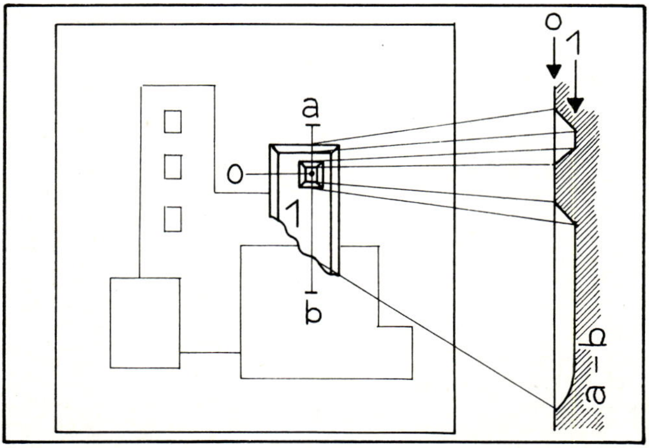

Bild 101
Als erstes wird das „fernste" Bauwerk eingeschnitten. Es wird durch die geringste Einschnitt-Tiefe im Modelholz dargestellt (Ebene **1**). Die Höhe des erhabenen Fensters bleibt mit der Werkholzoberfläche (**0**) identisch.

Bild 102
Im zweiten Arbeitsgang wird das mittlere Gebäude über das andere hinweg ein Stück tiefer geschnitzt (auf Ebene **2**, siehe Schnittzeichnung). Diesmal bleiben fünf Fenster als erhabene „Inseln" stehen. Zwei davon in Höhe der Ebene **1** des zuerst eingetieften Bauwerkes. Und drei Fenster in Höhe der Werkholzoberfläche (**0**).

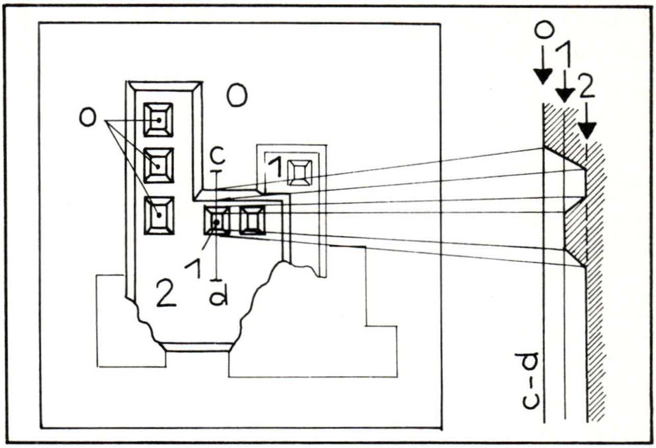

Bild 103
Der dritte Arbeitsgang gilt den vorderen Bauteilen. Sie werden am tiefsten eingeschnitten (Ebene **3**). Diesmal sind die erhabenen Fenster in ihrer Höhe mit der Eintiefungsebene **2** des mittleren Bauwerkes identisch.

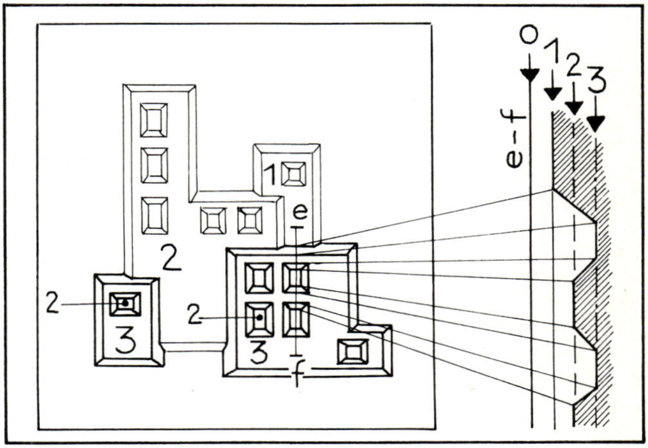

Bild 104
Betonkomplex (Ahorn)
MB = 8 × 8 × 1,5 cm;
MM = 5,5 × 5,3 cm;
T = 2 mm.

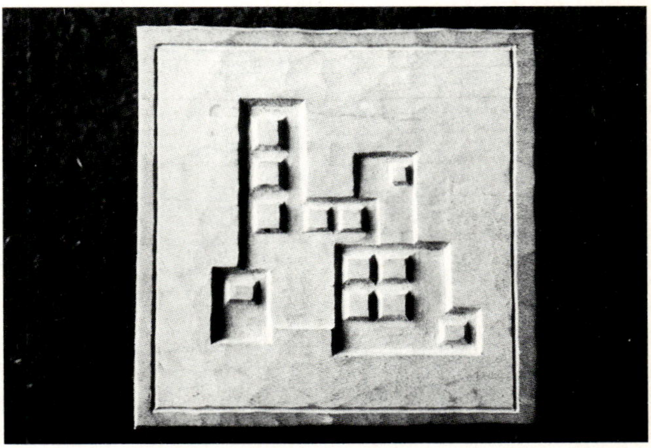

Zeichnerische Arbeitsunterlagen

Untersuchen wir als Beispiel ein Kirchenmotiv auf die Einschnittsituation im Model – eine aufschlußreiche Denkarbeit vor dem Schnitzen jedes Negativbildes. Der Ausgangspunkt der Überlegungen ist dabei immer das geplante erhabene Backwerkbild. Aus der Frontansicht des Entwurfes gewinnt man die wichtige Seitenansicht, welche die Form und die Daten für das Eintiefen des Negativbildes liefert (siehe **Bild 105**).

Merke: Die Fläche, aus der ein Bildwerk als Positiv herausragt oder in welches es als Negativ versenkt wird, ist stets die neutrale Ebene **0**.

Man stellt nun fest, daß die Wand des Kirchenschiffes die erste erhabene Stufe ist und im Model die flachste Eintiefung (**1**). Aus gestalterischen Gründen denkt man sich danach den Dachrand und die Turmfront auf gleicher Bildwerkhöhe. Im Model ergibt das die Einschnitttiefe und Einschnittebene **2**. Die breiteste Stelle des Zwiebeldaches ist der höchste Punkt des späteren Backwerkabdruckes und wird zur Einschnitt-Tiefe **3**.

Jetzt zeichnet man das geplante Springerlesbild mit allen Details, die beim plastischen Backwerkbild vorkommen, um sich aus der Modelhohlform lösen zu können (**Bild 106**). Man schraffiert die Schatten in der Vorstellung, das Licht kommt von links und von oben. Fenster und Tor sollen im Abdruck eingetieft erscheinen.
Diese Entwurfzeichnung, auf Transparentpapier übertragen und das Blatt umgedreht, ergibt den Eindruck eines gezeichneten Models (**Bild 106** rechts oben). Allerdings entfällt die Schraffierung **S** zugunsten der Dachfläche (**D**). Auch das Turmdach erfährt in der Schattierung eine Änderung.

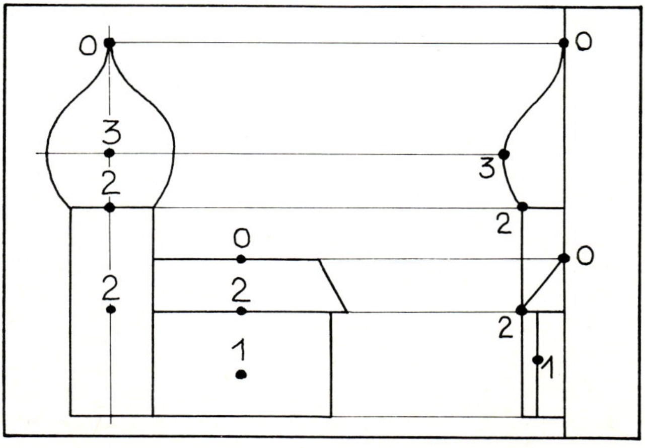

Bild 105
Schema der Festlegung von Eintiefungsebenen und Einschnitt-Tiefen

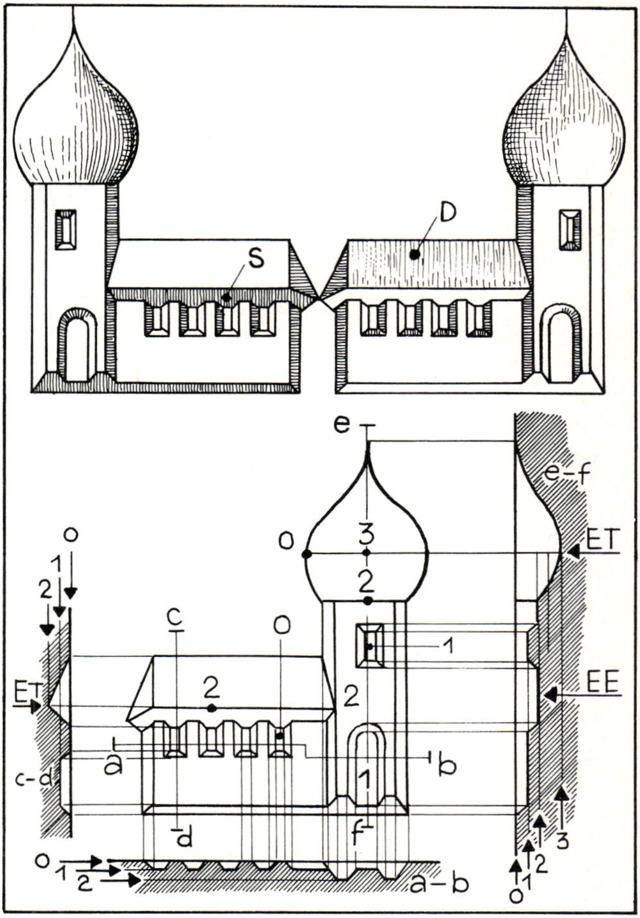

Bild 106
Entwurfzeichnungen des Positivs (links oben) und des Negativs (rechts oben).

Die Einschnitt-Tiefen (**ET**) und die Eintiefungsebenen (**EE**).
Beim Motiv „Zwiebel“ verdoppelt man die dritte Einschnittstufe, damit das Turmdach plastisch gut in Erscheinung tritt (siehe Schnitt **e–f**).

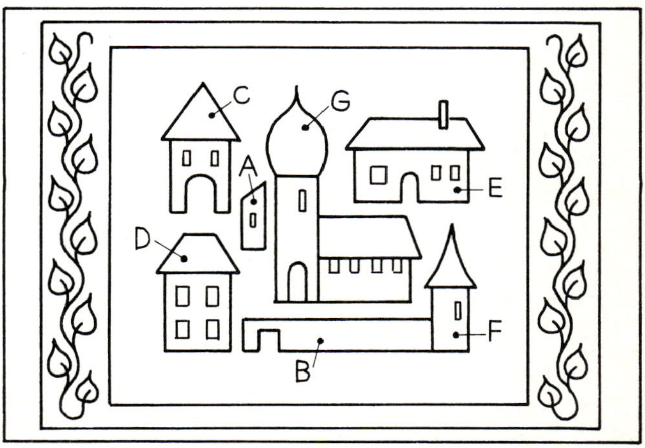

Bild 107
Die Gebäude des Entwurfs „Das klösterliche Anwesen“ schnitzt man in Reihenfolge der Buchstaben. Es dürfte besondere Freude bereiten, Bauwerke in das Holz einzutiefen und das Ganze mit feinem Beiwerk zu verzieren.
MB = 20,5 × 21,2 × 1,5 cm;
MM = 12,2 × 10,4 cm (Baulichkeiten);
T = 6 mm;
MM = 1,1 × 13 cm (Rankenwerk);
T = 1 mm.

Bild 108 und 109 *Das klösterliche Anwesen* (Ahornholz)

Bild 110 und 111

Die Darstellungstechnik der Eintiefungsebenen, auf andere Objekte ausgedehnt.

Mit einfachen, flächigen Vertiefungen lassen sich auch Menschen, Tiere, Bäume, Pflanzen und Gebrauchsgegenstände als Modelbilder darstellen. Vor allem aber auch Zeichen, Sinnbilder und Symbole. Schon das Einschneiden aller Details eines Objektes auf nur eine Tiefe (Ebene **1**) kann ausdrucksstarke Darstellungen ergeben (siehe die Entwürfe der „Haarigen Typen" und das geschnitzte Model des „Mädchenkopfes". Auf dem **Bild 112** erkennt man die schräg eingeschnittenen Konturen der Darstellung. Der Backwerkabdruck ist ein geradflächiges, einstufiges Relief. Beim Typ **B** (**Bild 110 B**) schnitzt man die Kopfhaare und den Bart in Kerbschnittmanier. Dadurch entsteht ein reizvoller, scharfkantiger Kontrast zum flachen Gesicht.

Die dunklen Flächen der Entwürfe sind Ebene **0**, *die hellen werden eingetieft.*

Bild 112
Haariger Typ (**A**) einstufig vertieft in Lindenholz
MB = 9,5 × 9,5 × 1,5 cm;
MM = 6 × 5,4 cm;
T = 2,3 mm.

Bild 113
Man beachte genau die Linien der Zeichnungen. Sie vermitteln dem Auge optisch das Negativ- oder das Positivbild, je nach gedanklicher Einstellung, auf das Gewünschte. Das Beil ist durch zwei Eintiefungsebenen dargestellt, das Wappen durch vier. Entsprechend stuft sich der Backwerkabdruck als Relief hoch. Durch feine Gravuren (siehe „Akanthusblatt") läßt sich jede Darstellung bereichern.

Verschiedenartige Eintiefungs- und Verzierungsmöglichkeiten

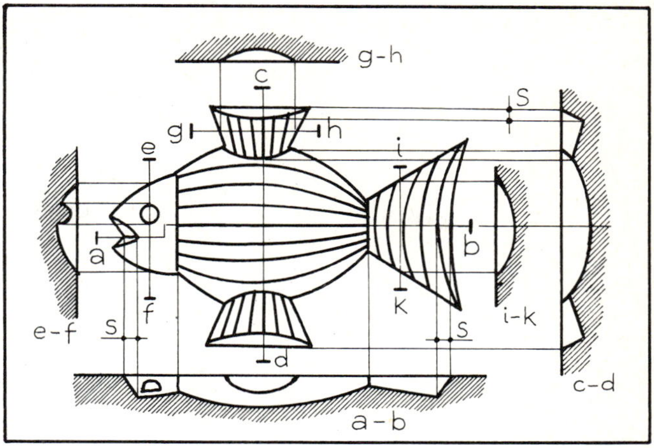

Bild 114
Dieser Fisch ist rund eingewölbt, lediglich an den Stellen (**s**) wurde er geradflächig begrenzt. Das Auge liegt erhaben in der Vertiefung des Kopfes. Man verziert den Fisch mit feinen Kerblinien (Rillen).

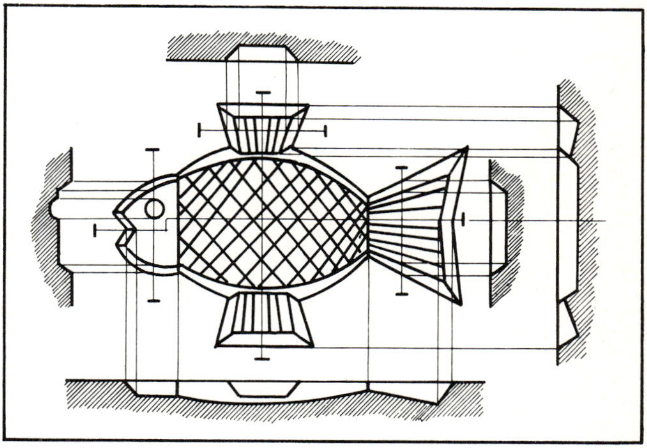

Bild 115
Diesmal ist der Fisch überall geradflächig eingetieft und das Auge versenkt eingeschnitzt.
Fein eingekerbtes Netz- und Linienwerk versinnbildlichen die Schuppen und Flossen.

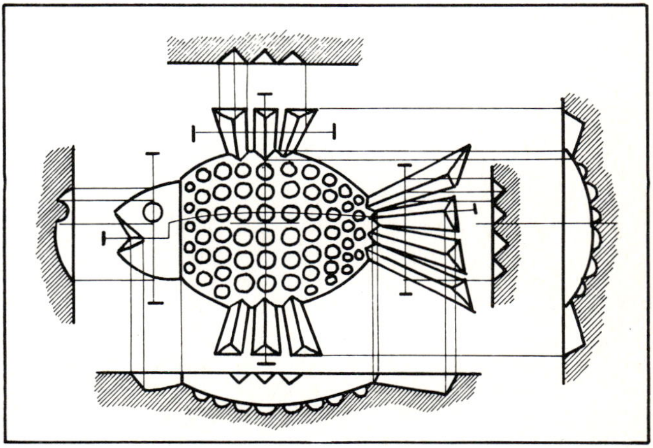

Bild 116
Der Kopf und der Leib sind wieder wie bei **Bild 114** vertieft. Der Rumpf erhält markante punktförmige Einkerbungen. Die Flossen und der Schwanz werden durch Keilschnitt-Einkerbungen gebildet.

Bild 117
(Linde)
MB = 10,3 × 6,7 × 1,5 cm;
MM = 6,5 × 4,4 cm;
T = 6,3 mm;
(siehe auch Bild 114)

Bild 118
(Linde)
MB = 10,3 × 6,7 × 1,5 cm;
MM = 6,5 × 4,4 cm;
T = 3,5 mm;
(siehe auch Bild 115)

Bild 119
(Linde)
MB = 10,3 × 6,7 × 1,5 cm;
MM = 6,5 × 4,4 cm;
T = 5,5 mm;
(siehe auch Bild 116)

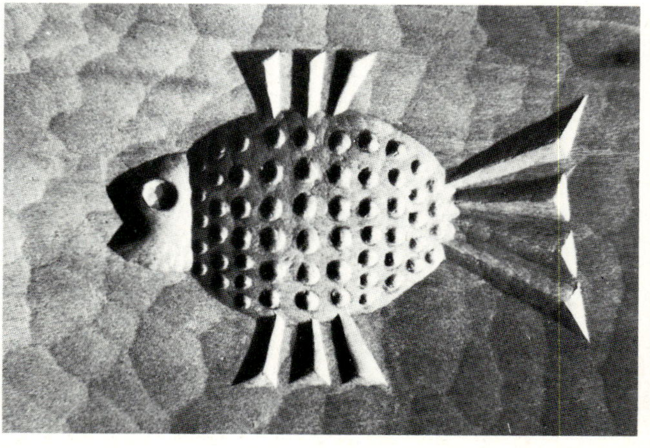

Einschnitt-Tiefen und plastische Wirkung

Die verschiedenen Tiefen eines Modelbildwerkes sind für dessen naturalistische plastische Wirkung ausschlaggebend. Bereits die Erstlingsvorlagen dieses Kurses machen darauf aufmerksam. Je mehr man seine Ansprüche in der Reichhaltigkeit der Darstellungen steigert, um so mehr muß man seine Vorstellungskraft im Umkehren eines Motivs in ein Negativbild schulen. Das bezieht sich insbesondere auf die traditionellen Motive. Man kann sich darum nicht genug einprägen, daß vor allem bei naturalistischen Darstellungen, die plastisch wirken sollen, alles, was dem Auge am nächsten liegt, auch am tiefsten in das Modelholz gesenkt werden muß. Ein Beispiel ist das bekannte Blumenkörbchen (**Bild 120**). Die Mitte des oberen Korbrandes wölbt sich am stärksten auf das Auge zu und muß deswegen am tiefsten eingeschnitten werden (siehe Punkt **A**). Durch den geringeren Durchmesser des Körbchenbodens ist die Mitte dieses Randes (Punkt **B**) dem Auge etwas ferner und muß dieser Situation entsprechend flacher eingetieft werden. Die Korbseiten C und D sind mit der Werkstückoberfläche (Ebene **0**) identisch. Auf diese wölben sich die Eintiefungen kontinuierlich zu. Man beachte auch die eingetiefte Motivfläche (**EMF**) für die Blumen. Unsere Vorstellungskraft schulend, denken wir noch das Negativbildwerk eines Vogels durch (von der Seite gesehen). Da dessen Flügel dem beobachtenden Auge am nächsten ist, muß er am tiefsten eingeschnitzt sein. Und das heißt: Eine Mulde mit den entsprechenden Umrissen im vorher eingetieften Vogelkörper bilden (**Bild 121**).

Denken Sie sich nach dem Schnitzen dieses Beispieles weitere aus.

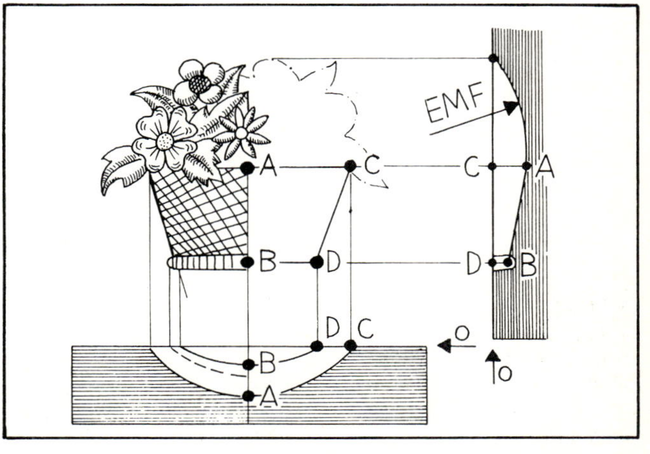

Bild 120

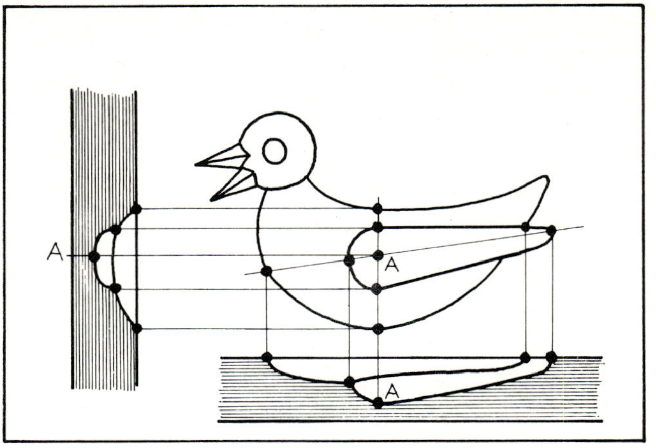

Bild 121
Der Punkt **A** im Flügel ist die tiefste Stelle im Model.

Bild 122
Die eingewölbte Motivfläche des Blumenkörbchens (Linde)
MB = 8,3 × 6,7 × 1,5 cm;
MM = 5,3 × 3,8 cm;
T = 6,2 mm;
(siehe auch Bild 120)

Bild 123
Übung Vogel (Linde)
MB = 8,3 × 6,7 × 1,5 cm;
MM = 6,6 × 3,9 cm;
T = 7,5 mm;
(siehe auch Bild 121)

Eine einfache Methode, Blumengebinde zu gestalten

Blütenelemente, Blumenkörbchen, Füllhorn und Kränzchen

Wer kennt sie nicht, die ansprechenden Modelbildchen mit den Motiven der Blumenkörbchen und Füllhörner? Auch die Kränzchen-Motive dürften nicht vergessen sein.

In vergangenen Zeiten schmückten diese Motive in vielerlei Varianten Poesiealben und Tagebücher und wurden als Belohnung für Wohlverhalten als Bildkärtchen an die Kinder verteilt. Kein Wunder, daß auch der geschnitzte Model diese Zeit und ihre Motive widerspiegelte.

Hier sei nun ein Weg aufgezeigt, derartige Bildchen zu gestalten. Zuerst benötigen wir dazu verschiedene Blütenformen, die man nach eigenem Ermessen und in beliebiger Abwandlung zu verschiedenen Sinnbildern stilisieren kann. Grundsatz ist, je einfacher diese ausfallen, desto ausdrucksvoller wirken sie später als Model und Backwerkbildchen (siehe Blütenentwürfe der folgenden Seiten). Bei geschickter Gruppierung der einzelnen Blüten entsteht in der Wirkung ein Gesteck wie bei einem Blumenstrauß. Man bringt dabei die Blütentypen, die in der Seitenansicht gezeichnet sind, seitwärts an (**Bild 128/10, 129/11** und **/12**). Die Zwischenräume füllt man mit den Blättern (**Bild 131/15**) aus, welche einfachheitshalber spitz anfangen und spitz enden. Auf diese Weise entstehen für den Anfänger zu Beginn derartiger Arbeiten keine Probleme beim Zeichnen und Schnitzen. Alle Blatt- und Blütenformen treten ohne Überschneidungen als in sich abgeschlossene Elemente auf, und dennoch ist ein naturalistischer Eindruck in der Darstellung erzielt.

Wer einige Übung hat, kann verschiedene Blattformen einfügen und auch Überschneidungen wagen.
Seite 74 *gibt Anregungen, die Tradition einer blumigen Modelwelt zu erspüren und fortzusetzen.*

Blütenelemente und ihre Fertigung

Bild 124

1. Blütenmitte vertieft (Eisen 11/7). Motivfläche **EMF** (Eisen 7/10), Blütenblätter (Eisen 11/3).

2. Blütenmitte erhaben eingetieft, Kontur und erhabene Mitte (Eisen 5/5). Blattkonturen (Eisen 4/14), Blattinnenflächen (Eisen 5/5), Versäuberung der Blattspitzen (Schnitzmesser).

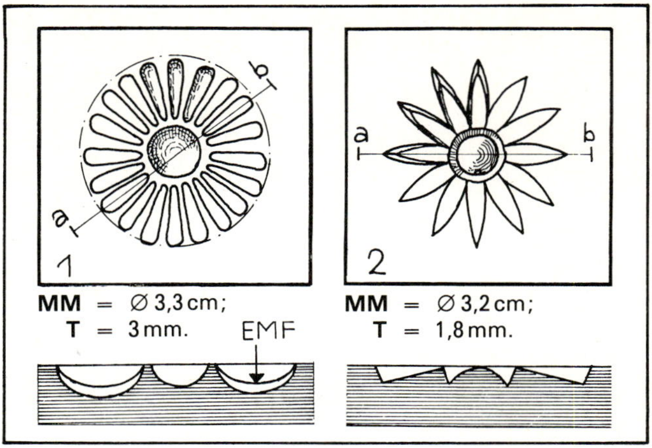

Bild 125

3. Eintiefung der Blütenmitte durch Drehbewegungen mit der Gaißfußstichform 45/7. Blütenblätter, Kerbschnitt (Gaißfuß 45/7, Eisen 4/14 oder 1/10).

4. Blütenblätter (Eisen 11/7), erhabene Blattrippen in den Blättern (Eisen 11/3).

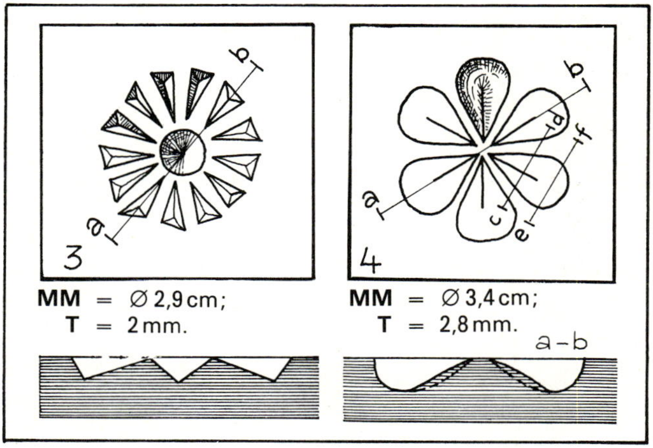

Bild 126

5. Blattkonturen (Eisen 11/7 und 4/14). Blattinnenflächen (Eisen 7/10 und 5/5), feine Blattrippen (Eisen 11/1).

6. Blütenmitte vertieft (Eisen 11/7). Ansonsten Werkzeug wie bei Blütentyp **5**.

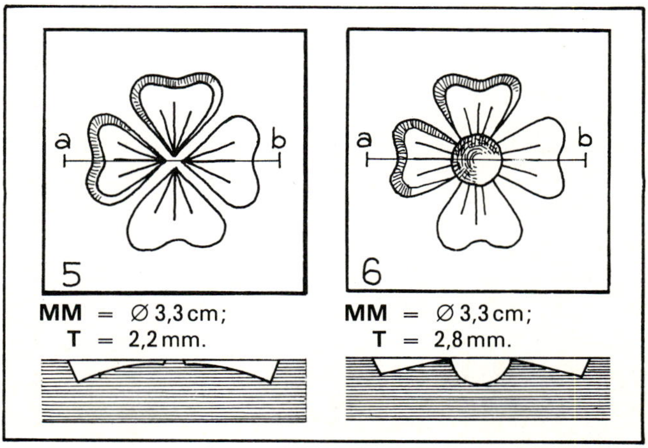

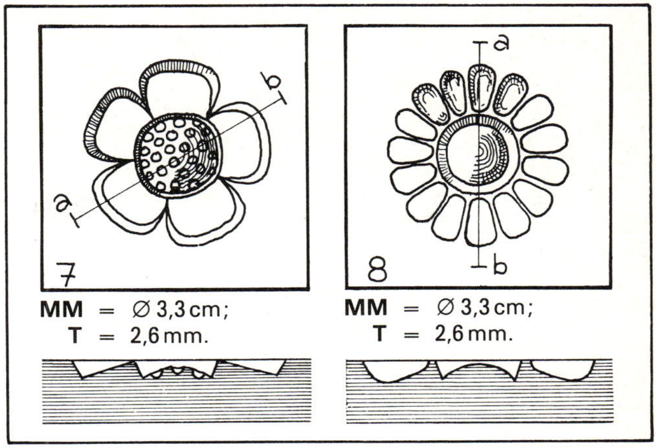

Bild 127
7. Blütenmitte erhaben eingetieft, Kontur und erhabene Mitte (Eisen 7/10), Pünktelung (Eisen 11/2). Konturen der Blütenblätter (Eisen 7/10 und 11/7), Blattinnenflächen (Eisen 5/5).

8. Blütenmitte und Werkzeuge wie Blütentyp **7**. Blütenblättchen (Eisen 11/4).

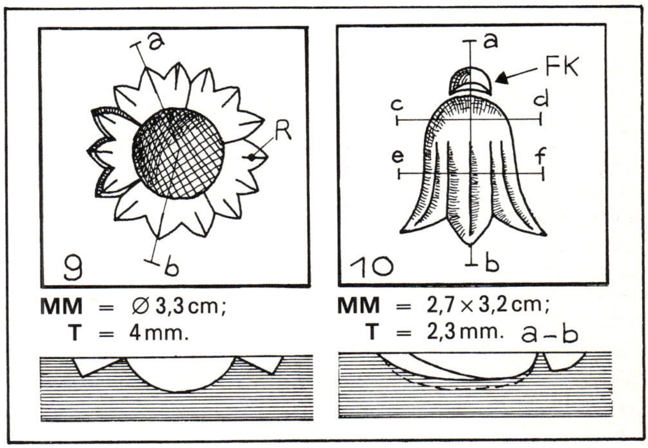

Bild 128
9. Blütenmitte vertieft (Eisen 7/10), verzierendes Netzwerk und Rippen der Blattspitzen **R** (Eisen 11/1). Konturen der Blätter (Eisen 4/14), Blattinnenflächen (Eisen 5/5).

10. Eintiefung der Blütenform **EMF** (Eisen 7/10 und 11/7). Sechs Einkerbungen zur Entstehung erhabener Rippen (Eisen 11/3). Fruchtknoten (Fk) Steileinstich (Eisen 4/14; Gegenschnitt (Eisen 11/7).

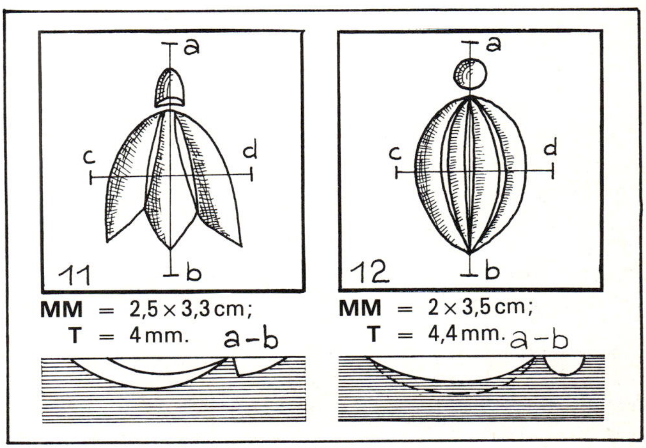

Bild 129
11. Motivfläche der Blüte (Eisen 7/10). Drei Einkerbungen zur Unterteilung der Blüte (Eisen 11/7 und 11/4). Blattspitzen (Gaißfuß 45/7). Fruchtknoten wie **Nr. 10**.

12. Motivfläche (Eisen 7/10), vier Einkerbungen zur Unterteilung (Eisen 11/4 und 11/3). Fruchtknoten (Eisen 11/4).

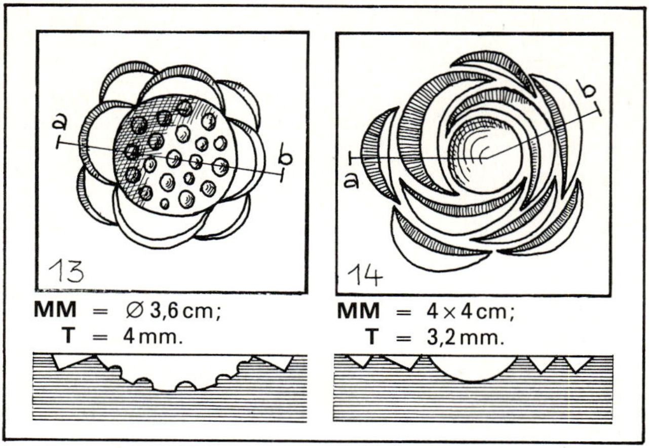

Bild 130
13. Blütenmitte vertieft (Eisen 7/10), erhabene Pünktelung (Eisen 5/5 und 11/4). Konturen der Blätter (Eisen 7/10), Blattinnenflächen (Eisen 5/5).

14. Blütenmitte vertieft (Eisen 7/10), umgebendes Blattwerk, Kerbschnitt (Eisen 4/14 und 7/10).

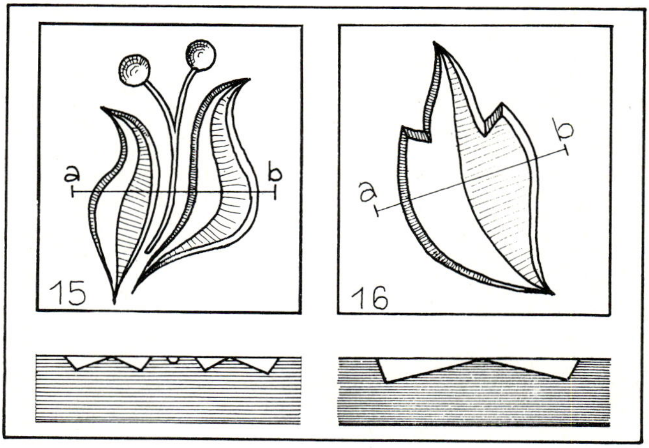

Bild 131
15. und **16.** Blattkonturen (Eisen 4/14), Blattinnenflächen (Eisen 4/14 und 7/10). Früchte und Stiele (Eisen 11/4 und 11/1).
MM15 = 3,1 × 4,7 cm;
MM16 = 2,9 × 4,6 cm;
T15 und **16** = 1,8 mm.

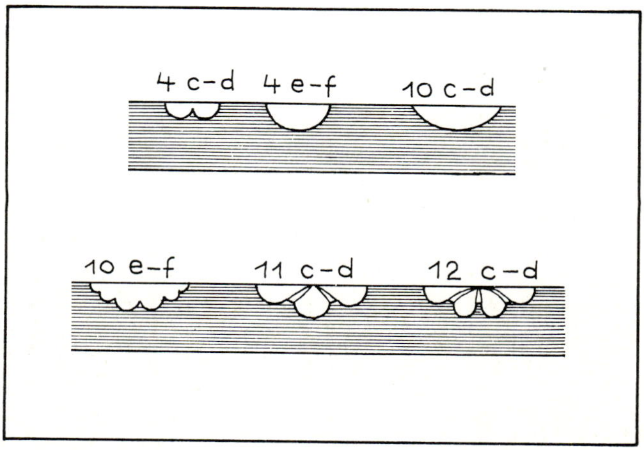

Bild 132
Schnitte zu den Blütenelementen **Bild 125/4; 128/10; 129/11** und **/12**. Aus diesen sind die erhabenen Rippen zur Unterteilung des jeweiligen Blütentyps zu ersehen.

Bild 133 *Blütenelemente* (Ahorn), **MB** = 16,5 × 27 × 1,5 cm

Anwendung der Blütenelemente

Bild 134
Bei geschickter Gruppierung entsteht eine Ansammlung von Blüten wie bei einem Strauß, Gesteck, Kranz oder einer Ausschüttung von Blumen.

Die **Seite 75** oben zeigt das Blumengesteck, aus Ahornholz geschnitzt.
MB = 12,7 × 10,5 × 1,5 cm;
MM = 10 × 8,8 cm;
T = 7 mm.

Für den Kranzmodel (**Seite 75**) wurde Rotbuchenholz verwendet.
MB = 18 × 12 × 1,5 cm;
MM = ∅ 9,8 cm;
T = 8,5 mm.

Bild 135 und 136

Bild 137 Blumengesteck, Kranz und ein Weihnachtsmotiv als Gebäck

Schnitzen von erhabenen Bildwerken und deren Negative

Das einstufige, geradflächige Relief

Wie sich bereits herausgestellt hat, ist dem Modelschnitzer gut gedient, wenn er auch die grundlegenden Techniken des Schnitzens von erhabenen Bildwerken beherrscht. Im Sinne dieses Kurses heißt das, daß der Abdruck oder Abguß, welchen das geplante Model ergibt, zuerst einmal als Modell geschnitzt wird.
Das einfachste und am leichtesten zu meisternde erhabene Bildwerk ist das einstufige Relief. Die gesamte Darstellung liegt bei ihm auf einer Höhe über der ringsum weggeschnitzten Werkstoffoberfläche. Der gezeichnete Entwurf besteht aus Konturen, welche vor dem Schnitzen aufgepaust werden. Die Seitenflächen dieser erhabenen Motive schnitze man wie Pfeil **A** oder **B** (**Bild 138** links, Schnitt **e–f**). Man bedenke stets, daß Reliefbildwerke, die zur Schaffung von Modelvorlagen gedacht sind, so geschnitzt sein müssen, daß sich die Plastilinmasse bei der Fertigung von Abdrücken an keiner Stelle verklemmt. Soll bei dieser Art Relief der Eindruck notwendig sein, daß ein Objekt das andere überdeckt oder Teile ineinander verflochten sind wie bei **Bild 138** (links), dann kann man die dabei notwendigen Unterteilungen durch Kerbeinschnitte markieren (siehe Pfeile Schnitt **a–b**). Man kann auch jeweils einen Ringabschnitt auf den anderen zu abschrägen (siehe Pfeile Schnitt **c–d**). Alle kantigen, geradflächigen Reliefarbeiten lassen sich durch Abrunden oder seitliches Brechen der Kanten rundplastisch formen (siehe Schnitt **e–f**, Pfeile **C**). Beim vorliegenden Motiv ergibt sich jetzt der Eindruck von Kettengliedern mit runden Profilen.

Das mehrstufige Relief

Aus großzügigen Konturen bestehende erhabene Darstellungen lassen sich auch problemlos mehrstufig gestalten, so daß sich schnitztechnisch über diesen Weg das Hintereinanderstehen oder das Übereinanderliegen von Objekten lösen läßt (siehe **Bild 138**, rechts). Man übe solche einfachen Bildwerke und bereichere sie, wobei man mit Zwischenstufen innerhalb einer Hauptstufe arbeiten kann (siehe Pfeil **H**, den Hals der größeren Figur und dazu die Strichpunktlinien). An ein Abschrägen von einer Stufenhöhe zur anderen denken! (Siehe Pfeil **G**, die Entstehung der Gürtellinie der kleineren Figur.) Gesichtszüge und sonstiges lassen sich durch ein feines Hohleisen eingravieren. Derartige geradflächige, kantige Bildwerke (Pfeil **K**, Schnitt **a–b**) sind zugleich die arbeitswegmäßige Vorstufe für rundplastisch dargestellte Werke (Pfeil **R**, Schnitt **a–b**). Erhabene Schnitzereien können je nach Motiv flach oder stark erhöht aufgebaut sein, als Flach-, Halb- oder Hochrelief.

Umwandlung in rundplastische Reliefs

Nach diesen Ausführungen dürfte es nicht schwerfallen, ein einstufiges Relief wie den Entwurf „Rauchende Kamine" zu fertigen. Die Fabrikschlote liegen, halbrund ge-

Bild 138

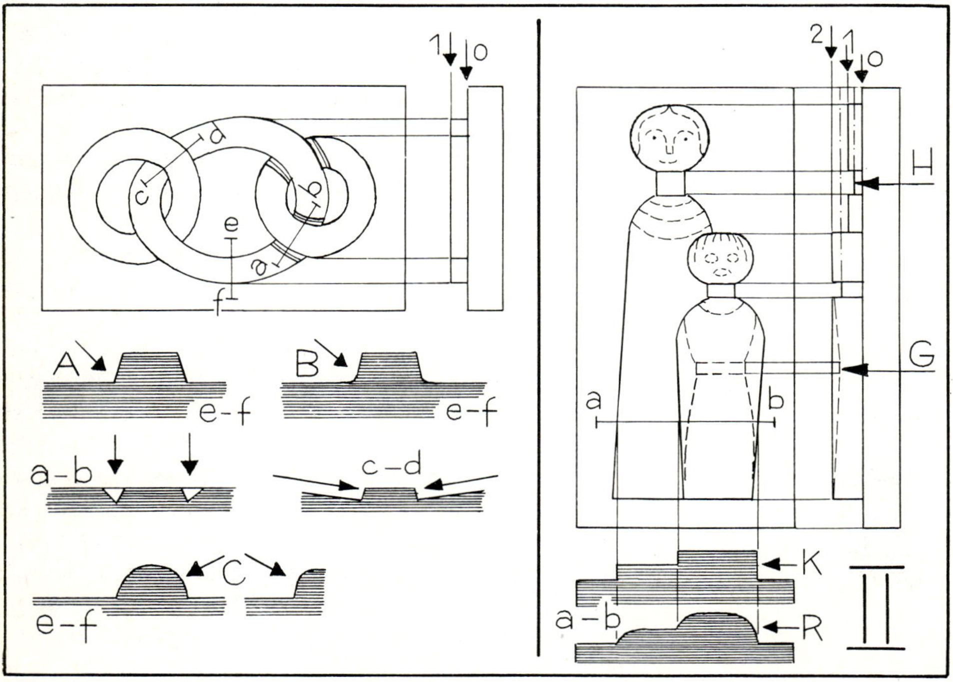

Bild 139
Das einstufige Relief
Rauchende Kamine
(Lindenholz)
Maße des Reliefbrettchens
(**RB**) = 8 × 8 × 1,5 cm;
Maße des Reliefmotives
(**RM**) = 3,8 × 4,6 cm;
Reliefhöhe (**RH**) = 3 mm.

Die Türme und ihre Helme sind wie die Fabrikschlote halbrund geschnitzt.

schnitzt, auf der vertieften Werkstoffoberfläche. Das Gebäude daneben blieb geradflächig, ebenso die Rauchfahnen. Diese sind jedoch durch Kerblinien verfeinert. Der Entwurf „Die Burg“ ist in seinem wesentlichen Aufbau ein zweistufiges Relief, in welchem die überkragenden Zinnen und die Dachränder die zweite und höchste Stufe bilden. Die Dächer fallen von ihren Rändern schräg auf den Untergrund (**0**) zurück.

Die Wetterfahnen und die Turmspitzen wurden in den Reliefuntergrund eingraviert. Mit Hohleisengravuren ließ sich die bildhafte Wirkung der Bauteile steigern. Das Tor und die Fenster sind als Zwischenstufen leicht eingetieft. Damit sich die Darstellung vom Untergrund präzise abhebt, wurden ihre Konturen mit dem 1-mm-Hohleisen betont. Man schnitzt als erstes die gesamte Motivfläche in voller Reliefhöhe aus dem Werkholz. Auf diese zeichnet man die Umrisse der **Stufe 1**, welche man als nächste herausarbeitet. Erst wenn diese kantige, geradflächige Möglichkeit einer rein technischen Vorarbeit zur Bildung eines „Reliefrohlings“ erschöpft ist, beginnt man mit der eigentlichen Ausarbeitung des Motives (siehe Seite 81 C und D).

Bild 140
Zweistufiges Relief aus Lindenholz
Die Burg (siehe Bilder auf **Seite 80** und **81**)
RB = 6,3 × 8,4 × 1,5 cm;
RM = 4,1 × 5,9 cm;
RH = 3 mm.

Arbeitswegmäßige Parallele zwischen Negativ und Positiv

Wer den Kurs bis hierher aufmerksam verfolgt hat, dem wird die Parallele zwischen dem Negativ- und dem Positivbildwerk aufgefallen sein. Beim Positiv wird das Motiv in seiner Werkstoffmasse sichtbar und greifbar dargestellt und beim Negativ der leere Raum, den dieses Bildwerk in seiner Umkehrung einnimmt. Methodisch ist der Arbeitsablauf der gleiche. Hier wie dort wird bei den entsprechenden Bildwerken zuerst das Motivfeld geschaffen, beim einen erhaben und beim anderen vertieft (versenkt). Danach werden großzügig die Hauptabschnitte der Darstellung in Angriff genommen und zum Schluß die Details derselben. Vor dem „Ausfeilen" ins feinste legt man die Details ebenfalls in ihren Grundzügen fest. Ein guter Rat: Man übe die auf Seite 36 dargestellten Motive nicht nur als Negativbilder, sondern versuche eines nach dem anderen auch als Positive zu schnitzen. Man beginnt mit der kantig-geradflächigen Darstellung, wobei größte Sorgfalt auf sauber gearbeitete Konturen gelegt werden sollte. Anschließend schnitzt man die dazu geeigneten Objekte oder deren Details rundplastischer.

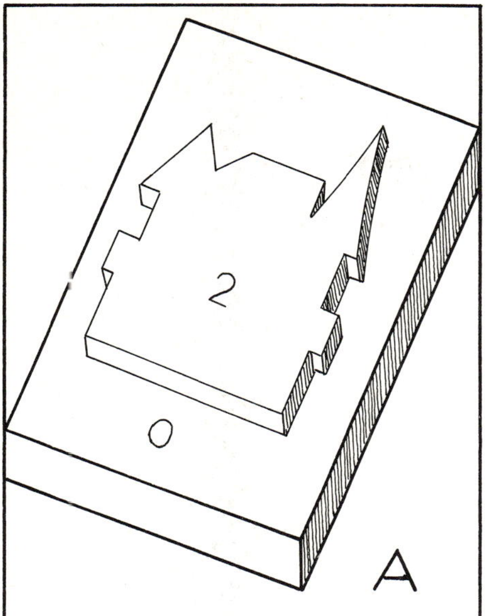

Stufe **2** (erhabene Motivfläche)

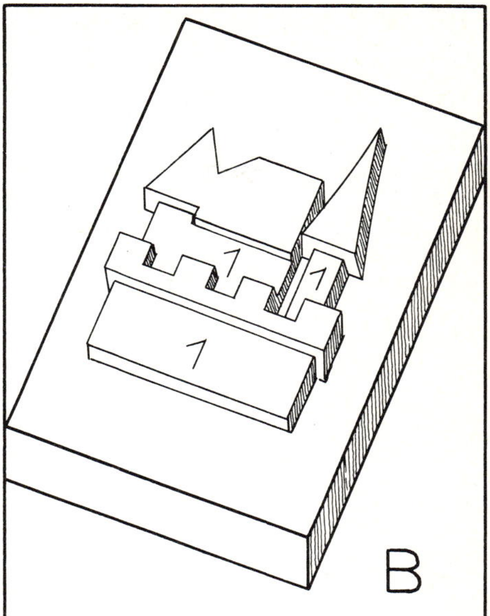

Stufe **1** (zweiter Arbeitsgang)

△ **Bild 141** ▽ **Bild 143** △ **Bild 142** ▽ **Bild 144**

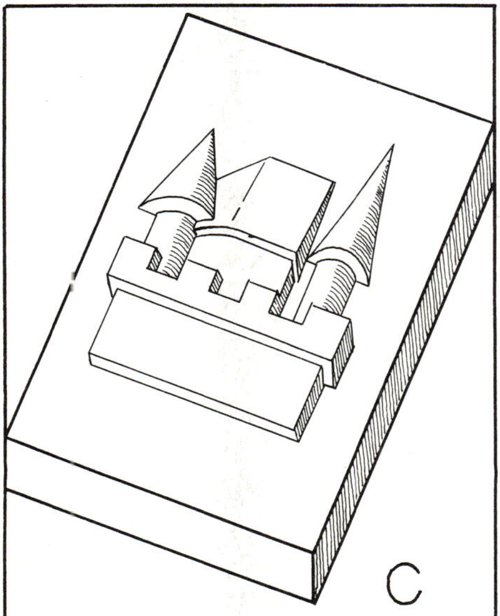

Rundplastische Formgebung

Schnitzen der Zwischenstufen

Fantasieanregende Reliefübungen

Um das Gefühl für erhabene Bildwerke zu festigen, sei hier auf ein einfaches, aber eindrucksvolles Beispiel zurückgegriffen. Das Motiv ist ein Wurzelmännchen, lediglich aus Umrißlinien bestehend. Herausgeschnitten wurde es als einstufiges Relief mit einer Höhe von 2,5 mm. An den Bearbeitungsspuren des Untergrundes ist zu ersehen, daß nur die Hohleisen (Bohrer) Verwendung fanden (man beachte den Kontrast zwischen geschliffener und geschnitzter Oberfläche). Solche Reliefs, die in ihrer Darstellungsart den Backwerkabdrücken der „Haarigen Typen" (**Bilder 110–112**) entsprechen, lassen sich ohne Vorstellungsschwierigkeiten als Model schnitzen. Das einstufig erhaben Gedachte wird lediglich von Werkstückebene **0** auf Ebene **1** vertieft.

Bild 145
Die Übungsmaße sind:
∅ 8,5 cm, Stärke 1,5 cm.

Bild 146
Anschließend an diese Übung beschäftige man sich mit einem Baum, zwischen dessen Ästen schematisch Blätter eingefügt sind.
Man schnitzt ihn als einstufiges Relief, als zweistufiges Relief und als rundplastisch geformtes Relief.

Tiervorlagen für erhabene Schnitzereien und deren Abdrücke

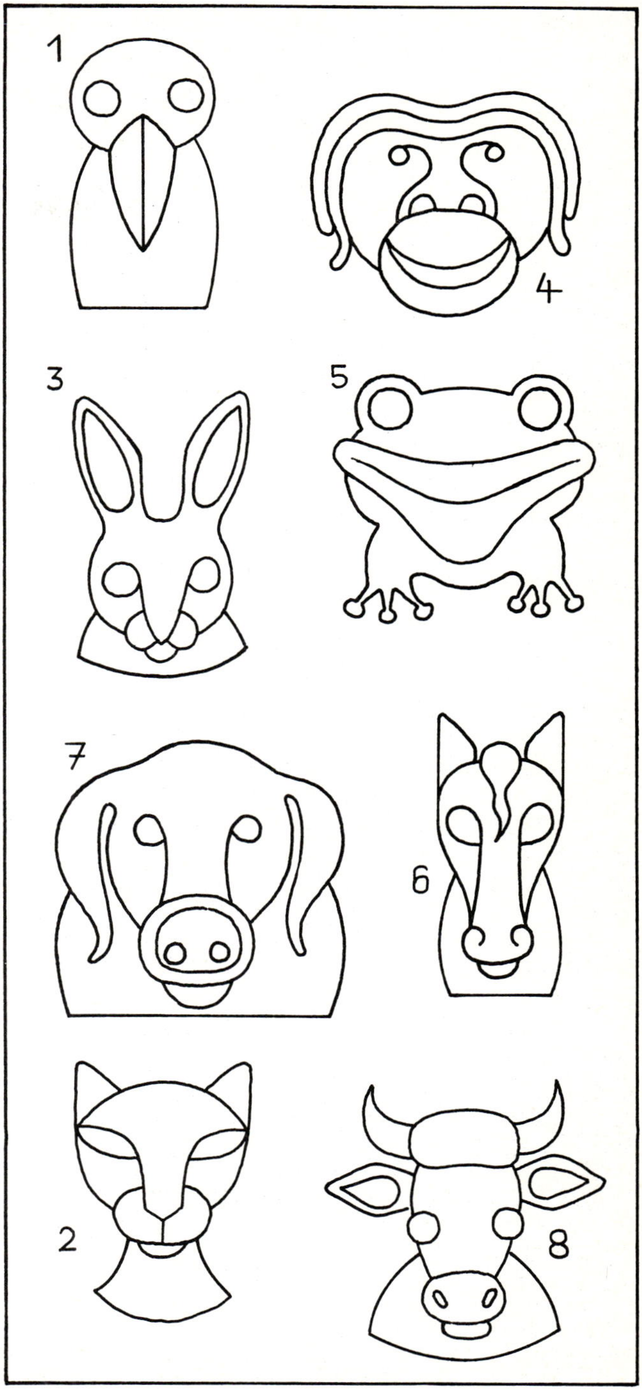

Bild 147
Bevor man sich mit diesen rundplastisch gestalteten Reliefs beschäftigt, schnitzt man als Vorübung aus dem Kapitel „Erste bildhafte Modeldarstellungen" das Herz, die Birne, die Eichel, die Glocke und das bauchige Gefäß als erhabene Bildwerke.

Das Froschrelief, sein Abdruck und Model

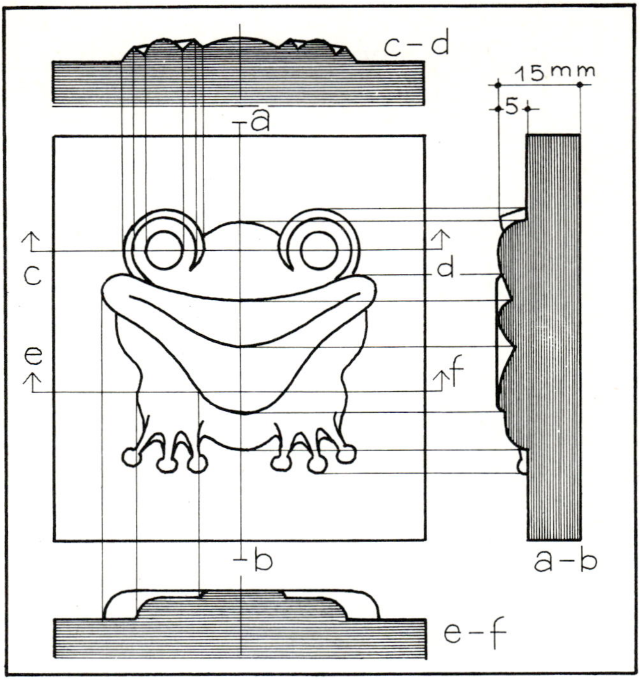

Bild 148
Relief (Linde)
RB = 7 × 7,5 × 1,5 cm;
RM = 5 × 4,9 cm;
RH = 4 mm.

Model (Ahorn)
MB = 13,3 × 12,2 × 1,5 cm

▽ **Bild 149**

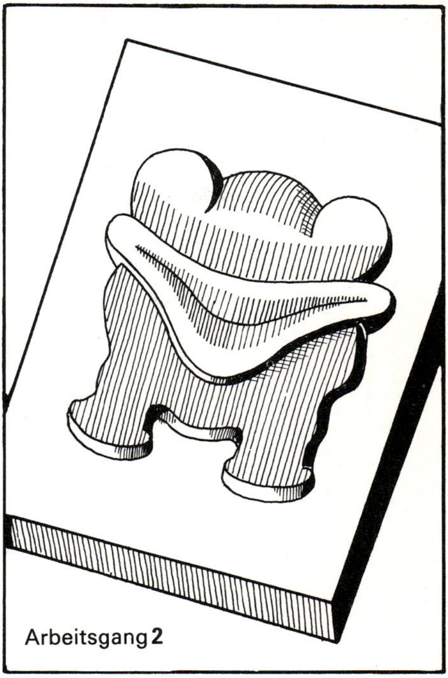

△ **Bild 150** ▽ **Bild 152** △ **Bild 151** ▽ **Bild 153**

Das Schnitzen von Tiermotiven

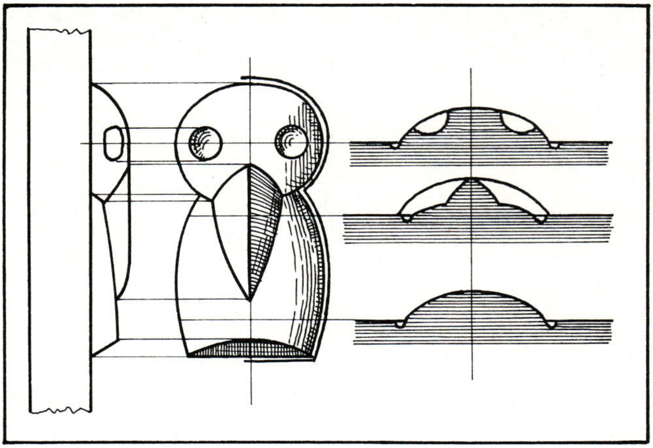

Bild 154
Die Abbildung dieses Vogels ist ein guter Anhaltspunkt für erste selbständige Reliefentwürfe. Man denke sich ähnlich einfache Darstellungen aus, auch in Seitenansicht (siehe Beispiel, **Seite 68, Bild 121**).

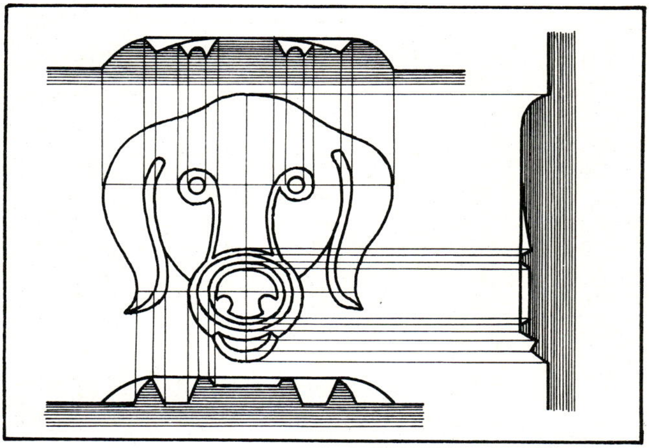

Bild 155
Stets schaffe man, wie bei der „Burg", zuerst die erhabene Motivfläche und dringe dann schrittweise in die Einzelheiten vor. Mit einem Zirkel kann man dabei die einzelnen Fixpunkte der Details aus der Entwurfsskizze auf die fortschreitende Schnitzerei übertragen.

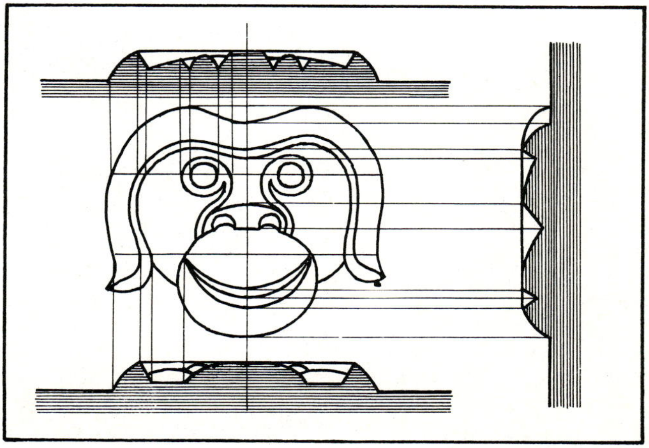

Bild 156
Jedes Relief ist ein Wechselspiel zwischen erhabenen und vertieften Vorgängen. Die Innenkontur der Haarhaube senkt sich hier markant auf die Gesichtsfläche ab. Die Augen liegen erhaben im eingetieften Umfeld. Und das Maul wird durch eine Einkerbung auf balliger Erhöhung gebildet.

Positivschnitzereien und deren Abdrücke

Bild 157
Vogel (Linde)
RB = 8 × 8 × 1,5 cm;
RM = 3 × 5,3 cm;
RH = 4 mm;
(siehe auch Bild 147/1)

Bild 158
Schwein (Linde)
RB = 7 × 7,5 × 1,5 cm;
RM = 5,7 × 5 cm;
RH = 4 mm.
(siehe auch Bild 147/7)

Bild 159
Affe (Linde)
RB = 7 × 7,5 × 1,5 cm;
RM = 5,4 × 4,5 cm;
RH = 4 mm;
(siehe auch Bild 147/4)

Ein Papagei und sein Abdruck

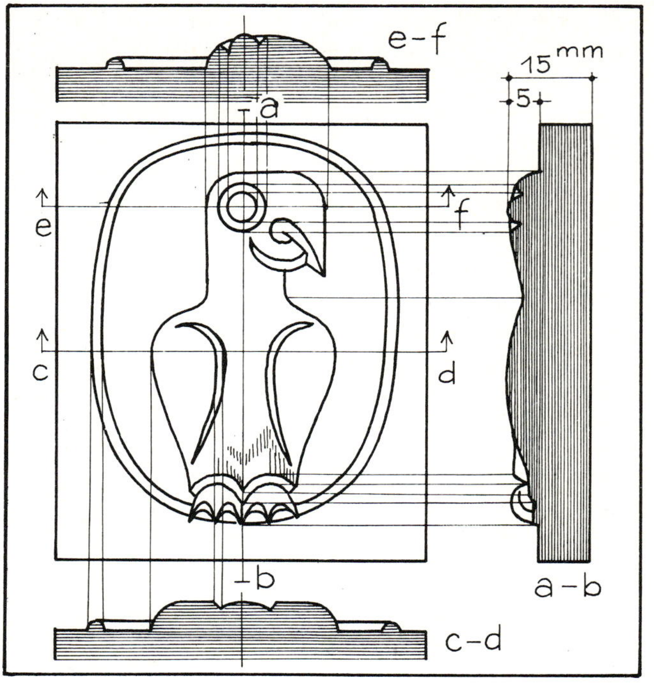

Bild 160 und 161
Relief (Linde)
RB = 7 × 8 × 1,5 cm;
RM = 3,3 × 6 cm;
RH = 4 mm.

Das Brautpaar

Zwei Herzen, die sich gefunden haben, wurden als einfacher Linienentwurf festgehalten und später mit allen Linien (Kanten) ergänzt, welche sich beim plastischen Bildwerk ergeben. Nach dieser Vorlage entstand ein geschnitztes Positiv und ein Plastilinabdruck als Model-Modell. Derartige heitere Motive machen gewiß als Model und Backwerk besondere Freude. Sie bereichern Familienereignisse als zusätzliche Glanzlichter. Für solch originelle Bildchen lassen sich verschiedene Umrahmungen denken. Der vorliegende Entwurf zeigt die Anordnung einfacher Kerben, Linsenschnitt genannt. Geübte Schnitzer benötigen für jede dieser Kerben ein nur zweimaliges Einschneiden. Man sollte diese Handfertigkeit gut üben.

Wichtig ist dabei, daß das Werkzeug nicht zu steil in das Holz geführt wird.

Bild 162
Der einfache Linienentwurf (oben) und der plastisch gezeichnete Entwurf (unten)

Bild 163
Das Brautpaar (Linde, erhaben geschnitzt)
RB = 10,5 × 9,5 × 1,5 cm;
RM = 5,5 × 6,3 cm;
RH = 3 mm.

Bild 164
Der Plastilinabdruck als Modelmodell.

Bild 165
Geschnitztes Model (Ahorn)
MB = 12,5 × 12,5 × 1,5 cm

Steigerung des Schwierigkeitsgrades

Dieses Blumenkörbchen stellt eine Steigerung der bisherigen Schwierigkeitsgrade dar. Die Blüten und Blätter überdecken sich gegenseitig, so wie es sich auch in der Natur ergibt. Auch für einen geübten Hobbyschnitzer stellt das sofortige Einschneiden eines derartigen Motives als Negativbildwerk hohe Anforderungen an die Vostellungskraft, während er mit der Fertigung eines Positivs besser zurechtkommt. – Dieser Kurs soll jeden Modelschnitzer so sicher wie möglich machen. – Der Weg über ein Positiv hilft ihm bei umfangreicheren Modelplanungen, auf die er sonst verzichten müßte. Sie schulen das handwerkliche Vermögen am Detail. Innerhalb der Eintiefung reichhaltiger Model gibt es mancherlei erhabene Vorgänge zu schnitzen, die Routine erfordern.

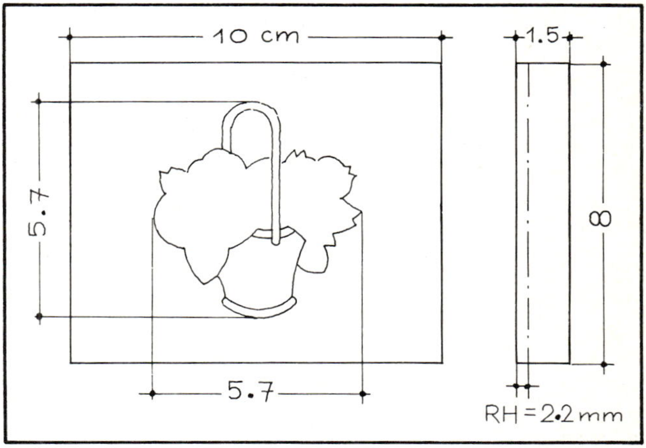

Bild 166
Die Maße des Reliefbrettchens (**RB**) mit Reliefmotiv (**RM**) und vermerkter Reliefhöhe (**RH**).
Man verwendet für das Positiv Lindenholz und zum Schnitzen des Negativs Ahornholz.

Bild 167
Arbeitsschablone mit den Querschnittsformen der erhabenen Motivfläche. Zum besseren Verständnis sind dieselben auf der Zeichnung stark überhöht dargestellt. Man beachte die Zugaben (**Z**).

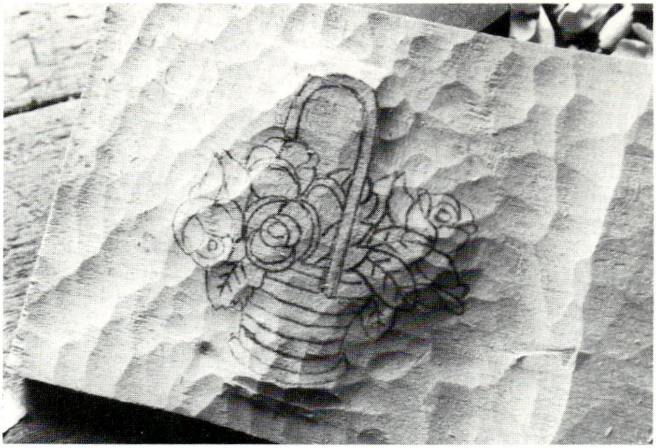

Bild 168
Man schnitze die erhöhte Motivfläche, welche in groben Zügen der plastischen Form des Blumenkörbchens entspricht. Darüber pause man die Darstellung.

Bild 169
Jetzt werden die Konturen geschaffen. Man beachte die dabei tiefer geschnitzte linke Bügelseite. Siehe dazu Pfeil **L** der Arbeitsschablonen-Zeichnung.

Bild 170
Bei der Ausarbeitung gehe man schrittweise mit Methode vor, in den Details immer feiner werdend.

Bild 171
Das fertige Positiv
Wie bei der Burg wurden auch hier die Konturen mit dem Hohleisen 11/1 besonders betont.
RB = 10 × 8 × 1,5 cm;
RM = 5,7 × 5,7 cm;
RH = 2,2 mm.

Bild 172
Hier ist der Plastilin-abdruck des Positivs zu sehen. Der Schnitzer hat nun eine genaue Vorlage seines Modelvorhabens in der Hand.

Bild 173
Die erste Arbeit am Model besteht darin, daß das gesamte Motivfeld eingetieft wird und in dieses die Felder der Blumen und Blätter. Das Einkerben des unteren Korbrandes und des Tragebügels führt die Arbeit weiter.

Das eingetiefte, dreistufige Landschaftsrelief, sein Abdruck und der Model (Rotbuchenholz)

Bild 174
Entwurf
Der Vordergrund ist vertikal liniert, der Mittelgrund schräg liniert, der Hintergrund gepünktelt.
Der leere Horizont ist die neutrale Ebene **0**, auf welchem sich das Relief stufenweise erhöht.

Bild 175
Arbeitsgang **1**
Der Vordergrund (Stufe **3**) wird bis auf Stufe **2** (den Mittelgrund) eingetieft (2 mm). Anschließend wird **Stufe 2** aufgepaust (siehe die Arbeitsschablone aus Transparentpapier).

Bild 176
Arbeitsgang **2**
Der Mittelgrund wird bis auf Stufe **3** (den Hintergrund) eingetieft (1,5 mm). Man schnitzt stets sehr sorgfältig.

Bild 177
Arbeitsgang **3**
Der Hintergrund wird eingeschnitten (1 mm), wobei die Horizontebene **0** entsteht. Das Relief besitzt somit eine Gesamthöhe von 4,5 mm. Erst jetzt werden alle Details geschnitzt. Die Wolken und die Krone des großen Baumes erhalten eingetiefte Konturen (Eisen; Stich 11/1 mm).

Bild 178
Der Abdruck
Man denke daran, daß die Plastilinmasse fest über das Relief geknetet werden muß, damit sich jede Stelle gut abbildet.

Bild 179
Der Model
Arbeitsweg:
1. Alle Wolken
2. Baum mit Vordergrund
3. Baumgruppe mit Feld
4. Berge mit Stadt (Hintergrund)
5. Dorf
6. Erhabene Umrahmung der Wolken und der Baumkrone, zugleich Oberflächenbearbeitung des Horizontes

Bild 180 Vielfältig geschmücktes Backwerk, die Krönung des Fleißes